PRÉFACE

I0151186

La collection de guides de conversation "Tout ira bien!", publié par T&P Books, est conçue pour les gens qui voyagent par affaire ou par plaisir. Les guides de conversations contiennent le plus important - l'essentiel pour la communication de base. Il s'agit d'une série indispensable de phrases pour survivre à l'étranger.

Ce guide de conversation vous aidera dans la plupart des cas où vous devez demander quelque chose, trouver une direction, découvrir le prix d'un souvenir, etc. Il peut aussi résoudre des situations de communication difficile lorsque la gesticulation n'aide pas.

Le livre contient beaucoup de phrases qui ont été groupées par thèmes. Vous trouverez aussi un vocabulaire des 3000 mots les plus couramment utilisés. Une autre section du guide contient un glossaire gastronomique qui peut être utile lorsque vous faites le marché ou commandez des plats au restaurant.

Emmenez avec vous un guide de conversation "Tout ira bien!" sur la route et vous aurez un compagnon de voyage irremplaçable qui vous aidera à vous sortir de toutes les situations et vous enseignera à ne pas avoir peur de parler aux étrangers.

TABLE DES MATIÈRES

T&P Books Publishing

Collection de guides de conversation
"Tout ira bien!"

T&P Books Publishing

GUIDE DE CONVERSATION
- BIÉLORUSSE -

Par Andrey Taranov

LES PHRASES LES PLUS UTILES

Ce guide de conversation
contient les phrases et
les questions les plus
communes et nécessaires
pour communiquer avec
des étrangers

T&P BOOKS

Guide de conversation + dictionnaire de 3000 mots

Guide de conversation Français-Biélorusse et vocabulaire thématique de 3000 mots

Par Andrey Taranov

La collection de guides de conversation "Tout ira bien!", publiée par T&P Books, est conçue pour les gens qui voyagent par affaire ou par plaisir. Les guides contiennent l'essentiel pour la communication de base. Il s'agit d'une série indispensable de phrases pour "survivre" à l'étranger.

Ce livre inclut un dictionnaire thématique qui contient près de 3000 des mots les plus fréquemment utilisés. Une autre section du guide contient un glossaire gastronomique qui peut être utile lorsque vous faites le marché ou commandez des plats au restaurant.

T&P Books Publishing
www.tpbooks.com

ISBN: 978-1-78616-792-7

Ce livre existe également en format électronique.
Pour plus d'informations, veuillez consulter notre site: www.tpbooks.com
ou rendez-vous sur ceux des grandes librairies en ligne.

PRONONCIATION

Lettre	Exemple en biélorusse	Alphabet phonétique T&P	Exemple en français
А а	Англія	[a]	classe
Б б	бульба	[b]	bureau
В в	вечар	[v]	rivière
Г г	галава	[ɦ]	g espagnol - amigo, magnífico
Д д	дзіця	[d]	document
Дж дж	джаз	[dʒ]	adjoint
Е е	метр	[ɛ]	faire
Ё ё	вясёлы	[jɔ]	pavillon
Ж ж	жыццё	[ʒ]	jeunesse
З з	заўтра	[z]	gazeuse
І і	нізкі	[i]	stylo
Й й	англійскі	[j]	maillot
К к	красавік	[k]	bocal
Л л	лінія	[l]	vélo
М м	камень	[m]	minéral
Н н	Новы год	[n]	ananas
О о	опера	[ɔ]	robinet
П п	піва	[p]	panama
Р р	морква	[r]	racine, rouge
С с	соль	[s]	syndicat
Т т	трус	[t]	tennis
У у	ізумруд	[u]	boulevard
Ў ў	каўбаса	[w]	iguane
Ф ф	футра	[f]	formule
Х х	захад	[h]	[h] aspiré
Ц ц	цэнтр	[ts]	gratte-ciel
Ч ч	пачатак	[tʃ], [ɕ]	match
Ш ш	штодня	[ʃ]	chariot
Ь ь	попельніца	[ʲ]	signe mou
Ы ы	рыжы	[ɨ]	capital
'	сузор'е	[']	signe dur
Э э	Грэцыя	[ɛ]	faire
Ю ю	плюс	[ʉ]	voyou
Я я	трусяня	[ja], [ʲa]	diamant

Lettre	Exemple en biélorusse	Alphabet phonétique T&P	Exemple en français

Combinaisons de lettres

Lettre	Exemple en biélorusse	Alphabet phonétique T&P	Exemple en français
дз	дзень	[ʣ]	pizza
дзь	лебедзь	[ʣ]	jean
дж	джаз	[ʤ]	adjoint

LISTE DES ABRÉVIATIONS

Abréviations en français

adj	-	adjective
adv	-	adverbe
anim.	-	animé
conj	-	conjonction
dénombr.	-	dénombrable
etc.	-	et cetera
f	-	nom féminin
f pl	-	féminin pluriel
fam.	-	familiar
fem.	-	féminin
form.	-	formal
inanim.	-	inanimé
indénombr.	-	indénombrable
m	-	nom masculin
m pl	-	masculin pluriel
m, f	-	masculin, féminin
masc.	-	masculin
math	-	mathematics
mil.	-	militaire
pl	-	pluriel
prep	-	préposition
pron	-	pronom
qch	-	quelque chose
qn	-	quelqu'un
sing.	-	singulier
v aux	-	verbe auxiliaire
v imp	-	verbe impersonnel
vi	-	verbe intransitif
vi, vt	-	verbe intransitif, transitif
vp	-	verbe pronominal
vt	-	verbe transitif

Abréviations en biélorusse

ж	-	nom féminin
ж мн	-	féminin pluriel

м	-	nom masculin
м мн	-	masculin pluriel
м, ж	-	masculin, féminin
мн	-	pluriel
н	-	neutre
н мн	-	neutre pluriel

T&P BOOKS

GUIDE DE CONVERSATION BIÉLORUSSE

Cette section contient
des phrases importantes
qui peuvent être utiles dans
des situations courantes.
Le guide vous aidera
à demander des directions,
clarifier le prix, acheter
des billets et commander
des plats au restaurant

T&P Books Publishing

CONTENU DU GUIDE DE CONVERSATION

T&P Books Publishing

Excusez-moi, …

Прабачце, …
[pra'batʃtse, …]

Bonjour

Прывітанне.
[privi'tanne.]

Merci

Дзякуй.
[dzʲakuj.]

Au revoir

Да пабачэння.
[da paba'tʃɛnnʲa.]

Oui

Так.
[tak.]

Non

Не.
[ne.]

Je ne sais pas.

Я ня ведаю.
[ʲa nʲa 'vedau.]

Où? | Où? | Quand?

Дзе? | Куды? | Калі?
[dze? | ku'di? | ka'li?]

J'ai besoin de …

Мне трэба …
[mne 'trɛba …]

Je veux …

Я хачу …
[ʲa ha'tʃu …]

Avez-vous … ?

У вас ёсць …?
[u vas ʲostsʲ …?]

Est-ce qu'il y a … ici?

Тут ёсць …?
[tut ʲostsʲ …?]

Puis-je … ?

Я магу …?
[ʲa ma'ɦu …?]

s'il vous plaît (pour une demande)

Калі ласка
[ka'li 'laska]

Je cherche …

Я шукаю …
[ʲa ʃu'kau …]

les toilettes

туалет
[tua'let]

un distributeur

банкамат
[banka'mat]

une pharmacie

аптэку
[ap'tɛku]

l'hôpital

бальніцу
[balʲ'nitsu]

le commissariat de police

аддзяленне міліцыі
[adzʲa'lenne mi'litsii]

une station de métro

метро
[me'trɔ]

un taxi	**таксі** [tak'si]
la gare	**вакзал** [vak'zal]

Je m'appelle …	**Мяне завуць …** [mʲa'ne za'vutsʲ …]
Comment vous appelez-vous?	**Як вас завуць?** [ʲak vas za'vutsʲ?]
Aidez-moi, s'il vous plaît.	**Дапамажыце мне, калі ласка.** [dapama'ʒɨtse mne, ka'li 'laska?]
J'ai un problème.	**У мяне праблема.** [u mʲa'ne prab'lema.]
Je ne me sens pas bien.	**Мне дрэнна.** [mne 'drɛnna.]
Appelez une ambulance!	**Выклікайце хуткую дапамогу!** [viklikajtse 'hutkuɨ dapa'moɦu!]
Puis-je faire un appel?	**Магу я пазваніць?** [ma'ɦu ʲa pazva'nitsʲ?]

Excusez-moi.	**Выбачце.** [vibatʃtse.]
Je vous en prie.	**Калі ласка.** [ka'li 'laska.]

je, moi	**я** [ʲa]
tu, toi	**ты** [ti]
il	**ён** [ʲon]
elle	**яна** [ʲa'na]
ils	**яны** [ʲa'nɨ]
elles	**яны** [ʲa'nɨ]
nous	**мы** [mɨ]
vous	**вы** [vɨ]
Vous	**вы** [vɨ]

ENTRÉE	**УВАХОД** [uva'hɔd]
SORTIE	**ВЫХАД** [viɦad]
HORS SERVICE | EN PANNE	**НЕ ПРАЦУЕ** [ne pra'tsue]
FERMÉ	**ЗАЧЫНЕНА** [za'tʃinena]

OUVERT	**АДЧЫНЕНА** [atˈtʃinena]
POUR LES FEMMES	**ДЛЯ ЖАНЧЫН** [dlʲa ʒanˈtʃin]
POUR LES HOMMES	**ДЛЯ МУЖЧЫН** [dlʲa muʒˈtʃin]

Questions

Où? (lieu)
Дзе?
[dze?]

Où? (direction)
Куды?
[ku'dɨ?]

D'où?
Адкуль?
[at'kulʲ?]

Pourquoi?
Чаму?
[tʃa'mu?]

Pour quelle raison?
Навошта?
[na'vɔʃta?]

Quand?
Калі?
[ka'li?]

Combien de temps?
Як доўга?
[ʲak 'dɔwɦa?]

À quelle heure?
У колькі ?
[u 'kɔlʲki?]

C'est combien?
Колькі каштуе?
[kɔlʲki kaʃ'tue?]

Avez-vous ... ?
У вас ёсць ...?
[u vas ʲostsʲ ...?]

Où est ..., s'il vous plaît?
Дзе знаходзіцца ...?
[dze zna'ɦɔdzitsa ...?]

Quelle heure est-il?
Колькі часу?
[kɔlʲki 'tʃasu?]

Puis-je faire un appel?
Магу я пазваніць?
[ma'ɦu ʲa pazva'nitsʲ?]

Qui est là?
Хто там?
[htɔ tam?]

Puis-je fumer ici?
Тут дазволена курыць?
[tut daz'vɔlena ku'rɨtsʲ?]

Puis-je ...?
Я магу ...?
[ʲa ma'ɦu ...?]

Besoins

Je voudrais …
Я б хацеў /хацела/ …
[ˈa b haˈt̪sew /haˈt̪sela/ …]

Je ne veux pas …
Я не хачу …
[ˈa ne haˈt͡ʃu …]

J'ai soif.
Я хачу піць.
[ˈa haˈt͡ʃu pit̪sʲ.]

Je veux dormir.
Я хачу спаць.
[ˈa haˈt͡ʃu spat̪sʲ.]

Je veux …
Я хачу …
[ˈa haˈt͡ʃu …]

me laver
памыцца
[paˈmit̪sa]

brosser mes dents
пачысціць зубы
[paˈt͡ʃisʲt̪sitsʲ ˈzubi]

me reposer un instant
крыху адпачыць
[krihu adpaˈt͡ʃit̪sʲ]

changer de vêtements
пераапрануцца
[peraapraˈnut̪sa]

retourner à l'hôtel
вярнуцца ў гасцініцу
[vʲarˈnut̪sa w hasˈt̪sinit̪su]

acheter …
купіць …
[kuˈpit̪sʲ …]

aller à …
з'ездзіць у …
[zˀezdzitsʲ u …]

visiter …
наведаць …
[naˈvedat̪sʲ …]

rencontrer …
сустрэцца з …
[susˈtrɛt̪sa z …]

faire un appel
пазваніць
[pazvaˈnit̪sʲ]

Je suis fatigué /fatiguée/
Я стаміўся /стамілася/.
[ˈa staˈmiwsʲa /staˈmilasʲa/.]

Nous sommes fatigués /fatiguées/
Мы стаміліся.
[mi staˈmilisʲa.]

J'ai froid.
Мне холадна.
[mne ˈholadna.]

J'ai chaud.
Мне горача.
[mne ˈhorat͡ʃa.]

Je suis bien.
Мне нармальна.
[mne narˈmalʲna.]

Il me faut faire un appel.

Мне трэба пазваніць.
[mne 'trɛba pazva'nitsʲ.]

J'ai besoin d'aller aux toilettes.

Мне трэба ў туалет.
[mne 'trɛba w tua'let.]

Il faut que j'aille.

Мне трэба ісці.
[mne 'trɛba is'tsi.]

Je dois partir maintenant.

Мне трэба ісці.
[mne 'trɛba is'tsi.]

Comment demander la direction

Excusez-moi, ...
Прабачце, ...
[pra'batʃtse, ...]

Où est ..., s'il vous plaît?
Дзе знаходзіцца ...?
[dze zna'hɔdzitsa ...?]

Dans quelle direction est ... ?
У якім напрамку знаходзіцца ...?
[u ʲa'kim na'pramku zna'hɔditsa ...?]

Pouvez-vous m'aider, s'il vous plaît ?
Дапамажыце мне, калі ласка.
[dapama'ʒɨtse mne, ka'li 'laska.]

Je cherche ...
Я шукаю ...
[ʲa ʃu'kaʉ ...]

La sortie, s'il vous plaît?
Я шукаю выхад.
[ʲa ʃu'kaʉ 'vihad.]

Je vais à ...
Я еду ў ...
[ʲa 'edu w ...]

C'est la bonne direction pour ...?
Ці правільна я іду ...?
[tsi 'praviˡna ʲa idu ...?]

C'est loin?
Гэта далёка?
[ɦɛta da'lʲoka?]

Est-ce que je peux y aller à pied?
Я дайду туды пешшу?
[ʲa daj'du tu'dɨ 'peʃu?]

Pouvez-vous me le montrer sur la carte?
Пакажыце мне на карце, калі ласка.
[paka'ʒɨtse mne na kartse, ka'li 'laska.]

Montrez-moi où sommes-nous,
s'il vous plaît.
Пакажыце, дзе мы зараз.
[paka'ʒɨtse, dze mɨ 'zaraz.]

Ici
Тут
[tut]

Là-bas
Там
[tam]

Par ici
Сюды
[sʉ'dɨ]

Tournez à droite.
Павярніце направа.
[pavʲar'nitse na'prava.]

Tournez à gauche.
Павярніце налева
[pavʲar'nitse na'leva.]

Prenez la première
(deuxième, troisième) rue.
першы (другі, трэці) паварот
[perʃi (dru'ɦi, 'trɛtsi) pava'rɔt]

à droite
направа
[na'prava]

à gauche   **налева**
                                        [na'leva]

Continuez tout droit.   **Ідзіце прама.**
                                        [i'dzitse 'prama.]

Affiches, Pancartes

BIENVENUE!	**САРДЭЧНА ЗАПРАШАЕМ!** [sar'dɛtʃna zapra'ʃaem!]
ENTRÉE	**УВАХОД** [uva'hɔd]
SORTIE	**ВЫХАД** [vɨhad]
POUSSEZ	**АД СЯБЕ** [at sʲa'be]
TIREZ	**НА СЯБЕ** [na sʲa'be]
OUVERT	**АДЧЫНЕНА** [at'tʃɨnena]
FERMÉ	**ЗАЧЫНЕНА** [za'tʃɨnena]
POUR LES FEMMES	**ДЛЯ ЖАНЧЫН** [dlʲa ʒan'tʃɨn]
POUR LES HOMMES	**ДЛЯ МУЖЧЫН** [dlʲa muʒ'tʃɨn]
MESSIEURS (m)	**МУЖЧЫНСКІ ТУАЛЕТ** [muʒ'tʃɨnski tua'let]
FEMMES (f)	**ЖАНОЧЫ ТУАЛЕТ** [ʒa'nɔtʃɨ tua'let]
RABAIS | SOLDES	**ЗНІЖКІ** [znɪʒki]
PROMOTION	**РАСПРОДАЖ** [ras'prɔdaʃ]
GRATUIT	**БЯСПЛАТНА** [bʲas'platna]
NOUVEAU!	**НАВІНКА!** [na'vinka!]
ATTENTION!	**УВАГА!** [u'vaɦa!]
COMPLET	**МЕСЦАЎ НЯМА** [mesʲtsaw nʲa'ma]
RÉSERVÉ	**ЗАРЭЗЕРВАВАНА** [zarɛzerva'vana]
ADMINISTRATION	**АДМІНІСТРАЦЫЯ** [admini'stratsɨa]
PERSONNEL SEULEMENT	**ТОЛЬКІ ДЛЯ ПЕРСАНАЛУ** [tolʲki dlʲa persa'nalu]

ATTENTION AU CHIEN! **ЗЛЫ САБАКА**
[złɨ sa'baka]

NE PAS FUMER! **НЕ КУРЫЦЬ!**
[ne ku'ritsʲ!]

NE PAS TOUCHER! **РУКАМІ НЕ КРАНАЦЬ!**
[ru'kami ne kra'natsʲ!]

DANGEREUX **НЕБЯСПЕЧНА**
[nebʲa'spetʃna]

DANGER **НЕБЯСПЕКА**
[nebʲa'speka]

HAUTE TENSION **ВЫСОКАЕ НАПРУЖАННЕ**
[vɨ'sɔkae nap'ruʒanne]

BAIGNADE INTERDITE! **КУПАЦЦА ЗАБАРОНЕНА**
[ku'patsa zaba'rɔnena]

HORS SERVICE | EN PANNE **НЕ ПРАЦУЕ**
[ne pra'tsue]

INFLAMMABLE **ВОГНЕНЕБЯСПЕЧНА**
[vɔɦnenebʲas'petʃna]

INTERDIT **ЗАБАРОНЕНА**
[zaba'rɔnena]

ENTRÉE INTERDITE! **ПРАХОД ЗАБАРОНЕНЫ**
[pra'hɔd zaba'rɔnenɨ]

PEINTURE FRAÎCHE **АФАРБАВАНА**
[afarba'vana]

FERMÉ POUR TRAVAUX **ЗАЧЫНЕНА НА РАМОНТ**
[za'tʃɨnena na ra'mɔnt]

TRAVAUX EN COURS **РАМОНТНЫЯ РАБОТЫ**
[ra'mɔntnɨʲa ra'bɔtɨ]

DÉVIATION **АБ'ЕЗД**
[a'bʲezt]

Transport - Phrases générales

avion	**самалёт** [sama'lʲot]
train	**цягнік** [ʦʲaɦ'nik]
bus, autobus	**аўтобус** [aw'tɔbus]
ferry	**паром** [pa'rɔm]
taxi	**таксі** [tak'si]
voiture	**машына** [ma'ʃina]
horaire	**расклад руху** [ras'klad 'ruhu]
Où puis-je voir l'horaire?	**Дзе можна паглядзець расклад руху?** [dze 'mɔʒna paɦlʲa'dzeʦʲ ras'klad 'ruhu?]
jours ouvrables	**працоўныя дні** [pra'ʦɔwnʲʲa dni]
jours non ouvrables	**выхадныя дні** [vihad'nʲʲa dni]
jours fériés	**святочныя дні** [svʲa'tɔʧnʲʲa dni]
DÉPART	**АДПРАЎЛЕННЕ** [adpraw'lenne]
ARRIVÉE	**ПРЫБЫЦЦЁ** [pribi'ʦʲo]
RETARDÉE	**ЗАТРЫМЛІВАЕЦЦА** [za'trimlivaeʦa]
ANNULÉE	**АДМЕНЕНЫ** [ad'meneni]
prochain (train, etc.)	**наступны** [na'stupni]
premier	**першы** [perʃi]
dernier	**апошні** [a'pɔʃni]

À quelle heure est le prochain …?

Калі будзе наступны …?
[ka'li 'budze na'stupni …?]

À quelle heure est le premier …?

Калі адыходзіць першы …?
[ka'li adihodzits' 'perʃi …?]

À quelle heure est le dernier …?

Калі адыходзіць апошні …?
[ka'li adihodzits' a'poʃni …?]

correspondance

перасадка
[pera'satka]

prendre la correspondance

зрабіць перасадку
[zra'bits' pera'satku]

Dois-je prendre la correspondance?

Мне патрэбна рабіць перасадку?
[mne pa'trɛbna ra'bits' pera'satku?]

Acheter un billet

Où puis-je acheter des billets?	**Дзе я магу купіць білеты?** [dze ʲa maʹɦu kuʹpitsʲ biʹleti?]
billet	**білет** [biʹlet]
acheter un billet	**купіць білет** [kuʹpitsʲ biʹlet]
le prix d'un billet	**кошт білета** [kɔʃt biʹleta]
Pour aller où?	**Куды?** [kuʹdi?]
Quelle destination?	**Да якой станцыі?** [da ʲaʹkɔj ʹstantsii?]
Je voudrais …	**Мне трэба …** [mne ʹtrɛba …]
un billet	**адзін білет** [aʹdzin biʹlet]
deux billets	**два білета** [dva biʹleta]
trois billets	**тры білета** [tri biʹleta]
aller simple	**у адзін бок** [u aʹdzin bɔk]
aller-retour	**туды і назад** [tuʹdi i naʹzad]
première classe	**першы клас** [perʃi klas]
classe économique	**другі клас** [druʹɦi klas]
aujourd'hui	**сёння** [sʲonnʲa]
demain	**заўтра** [zawtra]
après-demain	**паслязаўтра** [paslʲaʹzawtra]
dans la matinée	**раніцай** [ranitsaj]
l'après-midi	**удзень** [uʹdzenʲ]
dans la soirée	**увечары** [uʹvetʃari]

siège côté couloir

месца ля праходу
[mesʲtsa lʲa praˈhɔdu]

siège côté fenêtre

месца ля вакна
[mesʲtsa lʲa vakˈna]

C'est combien?

Колькі?
[kɔlʲki?]

Puis-je payer avec la carte?

Магу я заплаціць карткай?
[maˈɦu ʲa zaplaˈtsitsʲ ˈkartkaj?]

L'autobus

bus, autobus	**аўтобус** [aw'tobus]
autocar	**міжгародны аўтобус** [miʒɦa'rodnɨ aw'tobus]
arrêt d'autobus	**аўтобусны прыпынак** [aw'tobusnɨ prɨ'pɨnak]
Où est l'arrêt d'autobus le plus proche?	**Дзе бліжэйшы аўтобусны прыпынак?** [dze bli'ʒɛjʃɨ aw'tobusnɨ prɨ'pɨnak?]
numéro	**нумар** [numar]
Quel bus dois-je prendre pour aller à ...?	**Які аўтобус ідзе да ...?** [ʲaki aw'tobus i'dze da ...?]
Est-ce que ce bus va à ...?	**Гэты аўтобус ідзе да ...?** [ɦɛtɨ aw'tobus i'dze da ...?]
L'autobus passe tous les combien?	**Як часта ходзяць аўтобусы?** [ʲak 'tʃasta 'hodzʲatsʲ aw'tobusɨ?]
chaque quart d'heure	**кожныя пятнаццаць хвілін** [koʒnɨʲa pʲat'natsatsʲ hvi'lin]
chaque demi-heure	**кожныя паўгадзіны** [koʒnɨʲa pawɦa'dzinɨ]
chaque heure	**кожную гадзіну** [koʒnuʉ ɦa'dzinu]
plusieurs fois par jour	**некалькі разоў на дзень** [nekalʲki ra'zɔw na dzenʲ]
... fois par jour	**... раз на дзень** [... raz na dzenʲ]
horaire	**расклад руху** [ras'klad 'ruhu]
Où puis-je voir l'horaire?	**Дзе можна паглядзець расклад руху?** [dze 'moʒna paɦlʲa'dzetsʲ ras'klad 'ruhu?]
À quelle heure passe le prochain bus?	**Калі будзе наступны аўтобус?** [ka'li 'budze nas'tupnɨ aw'tobus?]
À quelle heure passe le premier bus?	**Калі адыходзіць першы аўтобус?** [ka'li adɨ'hodzitsʲ 'perʃɨ aw'tobus?]
À quelle heure passe le dernier bus?	**Калі адыходзіць апошні аўтобус?** [ka'li adɨ'hodzitsʲ a'poʃni aw'tobus?]

arrêt

прыпынак
[pri'pinak]

prochain arrêt

наступны прыпынак
[na'stupnɨ pri'pinak]

terminus

канцавы прыпынак
[kanʦa'vɨ pri'pinak]

Pouvez-vous arrêter ici, s'il vous plaît.

Спыніце тут, калі ласка.
[spɨ'niʦe tut, ka'li 'laska.]

Excusez-moi, c'est mon arrêt.

Дазвольце, гэта мой прыпынак.
[daz'volʲʦe, 'hɛta mɔj pri'pinak.]

Train

train	**цягнік** [tsʲaɦ'nik]
train de banlieue	**прыгарадны цягнік** [priɦaradni tsʲaɦ'nik]
train de grande ligne	**цягнік дальняга следавання** [tsʲaɦ'nik 'dalʲnʲaɦa 'sledavannʲa]
la gare	**вакзал** [vak'zal]
Excusez-moi, où est la sortie vers les quais?	**Прабачце, дзе выхад да цягнікоў?** [pra'batʃse, dze 'vihad da tsʲaɦni'kɔw?]
Est-ce que ce train va à …?	**Гэты цягнік ідзе да …?** [ɦɛti tsʲaɦ'nik i'dze da …?]
le prochain train	**наступны цягнік** [na'stupni tsʲaɦ'nik]
À quelle heure est le prochain train?	**Калі будзе наступны цягнік?** [kali 'budze na'stupni tsʲaɦ'nik?]
Où puis-je voir l'horaire?	**Дзе можна паглядзець расклад руху** [dze 'mɔʒna paɦlʲa'dzetsʲ ras'klad 'ruhu?]
De quel quai?	**Ад якой платформы?** [at ʲa'kɔj plat'fɔrmi?]
À quelle heure arrive le train à …?	**Калі цягнік прыбудзе ў …?** [kali tsʲaɦ'nik pri'budze w …?]
Pouvez-vous m'aider, s'il vous plaît?	**Дапамажыце мне, калі ласка.** [dapama'ʒitse mne, ka'li 'laska.]
Je cherche ma place.	**Я шукаю сваё месца.** [ʲa ʃu'kau svaʲo 'mesʲtsa.]
Nous cherchons nos places.	**Мы шукаем нашыя месцы.** [mi ʃu'kaem 'naʃʲa 'mesʲtsi.]
Ma place est occupée.	**Маё месца занята.** [maʲo 'mesʲtsa za'nʲata.]
Nos places sont occupées.	**Нашыя месцы заняты.** [naʃʲa 'mesʲtsi za'nʲati.]
Excusez-moi, mais c'est ma place.	**Прабачце, калі ласка, але гэта маё месца.** [pra'batʃse, ka'li 'laska, ale 'ɦɛta maʲo 'mesʲtsa.]

Est-ce que cette place est libre?

Гэта месца свабодна?
[ɦɛta 'mesˈtsa sva'bodna?]

Puis-je m'asseoir ici?

Магу я тут сесці?
[ma'ɦu ˈa tut 'sesˈtsi?]

Sur le train - Dialogue (Pas de billet)

Votre billet, s'il vous plaît.
Ваш білет, калі ласка.
[vaʃ bi'let, ka'li 'laska.]

Je n'ai pas de billet.
У мяне няма білета.
[u mʲa'ne nʲa'ma bi'leta.]

J'ai perdu mon billet.
Я згубіў /згубіла/ свой білет.
[ʲa zɦu'biw /zɦu'biɫa/ svɔj bi'let.]

J'ai oublié mon billet à la maison.
Я забыўся /забылася/ білет дома.
[ʲa za'biwsʲa /za'biɫasʲa/ bi'let 'dɔma.]

Vous pouvez m'acheter un billet.
Вы можаце купіць білет у мяне.
[vi 'mɔʒatse ku'pitsʲ bi'let u mʲa'ne.]

Vous devrez aussi payer une amende.
Вам яшчэ давядзецца заплаціць штраф.
[vam ʲaɕɛ davʲa'dzɛtsa zapla'tsitsʲ 'ʃtraf.]

D'accord.
Добра.
[dɔbra.]

Où allez-vous?
Куды вы едзеце?
[ku'di vi 'edzetse?]

Je vais à …
Я еду да …
[ʲa 'edu da …]

Combien? Je ne comprend pas.
Колькі? Я не разумею.
[kɔlʲki? ʲa ne razu'meʉ.]

Pouvez-vous l'écrire, s'il vous plaît.
Напішыце, калі ласка.
[napi'ʃitse, ka'li 'laska.]

D'accord. Puis-je payer avec la carte?
Добра. Магу я заплаціць карткай?
[dɔbra. ma'ɦu ʲa zaplatsitsʲ 'kartkaj?]

Oui, bien sûr.
Так, можаце.
[tak, 'mɔʒatse.]

Voici votre reçu.
Вось ваш квіток.
[vɔsʲ vaʃ kvi'tɔk.]

Désolé pour l'amende.
Спачуваю наконт штрафу.
[spaʧu'vaʉ na'kɔnt 'ʃtrafu.]

Ça va. C'est de ma faute.
Гэта нічога. Гэта мая віна.
[ɦɛta ni'ʧɔɦa 'ɦɛta maʲa 'vina.]

Bon voyage.
Прыемнай вам паездкі!
[pri'emnaj vam pa'eztki.]

Taxi

taxi	**таксі** [tak'si]
chauffeur de taxi	**таксіст** [tak'sist]
prendre un taxi	**злавіць таксі** [zla'vits^{j} tak'si]
arrêt de taxi	**стаянка таксі** [sta'^{j}anka tak'si]
Où puis-je trouver un taxi?	**Дзе я магу ўзяць таксі?** [dze ^{j}a ma'ɦu wz^{j}ats^{j} tak'si?]
appeler un taxi	**выклікаць таксі** [vɨklikats^{j} tak'si]
Il me faut un taxi.	**Мне патрэбна таксі.** [mne pa'trɛbna tak'si.]
maintenant	**Дакладна зараз.** [da'kladna 'zaraz.]
Quelle est votre adresse?	**Ваш адрас?** [vaʃ 'adras?]
Mon adresse est ...	**Мой адрас ...** [mɔj 'adras ...]
Votre destination?	**Куды вы паедзеце?** [ku'dɨ vɨ pa'edzetse?]
Excusez-moi, ...	**Прабачце, ...** [pra'batʃtse, ...]
Vous êtes libre ?	**Вы свабодныя?** [vɨ sva'bɔdnɨ^{j}a?]
Combien ça coûte pour aller à ...?	**Колькі каштуе даехаць да ...?** [kɔl^{j}ki kaʃ'tue da'ehats^{j} da ...?]
Vous savez où ça se trouve?	**Вы ведаеце, дзе гэта?** [vɨ 'vedaetse, dze 'ɦɛta?]
À l'aéroport, s'il vous plaît.	**У аэрапорт, калі ласка.** [u aɛra'pɔrt, ka'li 'laska.]
Arrêtez ici, s'il vous plaît.	**Спыніце тут, калі ласка.** [spɨ'nitse tut, ka'li 'laska.]
Ce n'est pas ici.	**Гэта ня тут.** [ɦɛta n^{j}a tut.]
C'est la mauvaise adresse.	**Гэта няправільны адрас.** [ɦɛta n^{j}a'pravil^{j}nɨ 'adras.]
tournez à gauche	**Зараз налева.** [zaraz na'leva.]
tournez à droite	**Зараз направа.** [zaraz na'prava.]

Combien je vous dois?

Колькі я вам павінен /павінна/ заплаціць?
[kɔlʲki ʲa vam pa'vinen /pa'vinna/ zapla'ʦiʦʲ?]

J'aimerais avoir un reçu, s'il vous plaît.

Дайце мне квіток, калі ласка.
[dajʦe mne kvi'tɔk, ka'li 'laska.]

Gardez la monnaie.

Рэшты ня трэба.
[rɛʃtɨ nʲa 'trɛba.]

Attendez-moi, s'il vous plaît …

Пачакайце мяне, калі ласка.
[paʧa'kajʦe mʲa'ne, ka'li 'laska.]

cinq minutes

пяць хвілін
[pʲatsʲ hvi'lin]

dix minutes

дзесяць хвілін
[ʣesʲatsʲ hvi'lin]

quinze minutes

пятнаццаць хвілін
[pʲat'naʦaʦʲ hvi'lin]

vingt minutes

дваццаць хвілін
[dvaʦaʦʲ hvi'lin]

une demi-heure

паўгадзіны
[pawɦa'ʣinɨ]

Hôtel

Bonjour.	**Прывітанне.** [privi'tanne.]
Je m'appelle …	**Мяне завуць …** [mʲaˈne zaˈvut͡sʲ …]
J'ai réservé une chambre.	**Я зарэзерваваў /зарэзервавала/ нумар.** [ʲa zarɛzervaˈvaw /zarɛzervaˈvala/ ˈnumar.]
Je voudrais …	**Мне патрэбны …** [mne paˈtrɛbnɨ …]
une chambre simple	**аднамесны нумар** [adnaˈmesnɨ ˈnumar]
une chambre double	**двухмесны нумар** [dvuhˈmesnɨ ˈnumar]
C'est combien?	**Колькі ён каштуе?** [kɔlʲki ʲon kaʃˈtue?]
C'est un peu cher.	**Гэта крыху дорага.** [ɦɛta ˈkrɨhu ˈdɔraɦa.]
Avez-vous autre chose?	**У вас ёсць яшчэ што-небудзь?** [u vas ʲosʲt͡sʲ ʲaˈt͡sɛ ʃto ˈnebut͡sʲ?]
Je vais la prendre.	**Я вазьму.** [ʲa vazʲˈmu.]
Je vais payer comptant.	**Я заплачу наяўнымі.** [ʲa zaplaˈt͡ʃu naʲˈawnɨmi.]
J'ai un problème.	**У мяне ёсць праблема** [u mʲaˈne ʲosʲt͡sʲ prabˈlema.]
Mon /Ma/ … ne fonctionne pas.	**У мяне не працуе …** [u mʲaˈne ne praˈt͡sue …]
télé	**тэлевізар** [teleˈvizar]
air conditionné	**кандыцыянер** [kandɨt͡sɨˈaner]
robinet	**кран** [kran]
douche	**душ** [duʃ]
évier	**ракавіна** [rakavina]
coffre-fort	**сейф** [sejf]

serrure de porte	**замок** [zaˈmɔk]
prise électrique	**разетка** [raˈzetka]
sèche-cheveux	**фен** [fen]

Je n'ai pas …	**У мяне няма …** [u mʲaˈne nʲaˈma …]
d'eau	**вады** [vaˈdɨ]
de lumière	**святла** [svʲatˈla]
d'électricité	**электрычнасці** [ɛlektˈritʃnasʲtsi]

Pouvez-vous me donner …?	**Можаце мне даць …?** [mɔʒatse mne datsʲ …?]
une serviette	**рушнік** [ruʃˈnik]
une couverture	**коўдру** [kɔwdru]
des pantoufles	**тапачкі** [tapatʃki]

une robe de chambre	**халат** [haˈlat]
du shampoing	**шампунь** [ʃamˈpunʲ]
du savon	**мыла** [mɨla]

Je voudrais changer ma chambre.	**Я б хацеў /хацела б/ памяняць нумар.** [ʲa b haˈtsew /haˈtsela/ pamʲaˈnʲatsʲ ˈnumar.]
Je ne trouve pas ma clé.	**Я не магу знайсці свой ключ.** [ʲa ne maˈɦu znajsʲtsi svɔj klutʃ.]
Pourriez-vous ouvrir ma chambre, s'il vous plaît?	**Адчыніце мой нумар, калі ласка.** [attʃiˈnitse mɔj ˈnumar, kaˈli ˈlaska.]
Qui est là?	**Хто там?** [htɔ tam?]

Entrez!	**Увайдзіце!** [uvajˈdzitse!]
Une minute!	**Адну хвіліну!** [adˈnu hviˈlinu!]

Pas maintenant, s'il vous plaît.	**Калі ласка, ня зараз.** [kaˈli ˈlaska, nʲa ˈzaraz.]
Pouvez-vous venir à ma chambre, s'il vous plaît.	**Зайдзіце да мяне, калі ласка.** [zajˈdzitse da mʲaˈne, kaˈli ˈlaska.]

J'aimerais avoir le service d'étage.

Я хачу замовіць ежу ў нумар.
[ˈa haˈtʃu zaˈmɔwitsʲ ˈeʒu w ˈnumar.]

Mon numéro de chambre est le …

Нумар майго пакоя …
[numar majˈɦɔ paˈkɔʲa …]

Je pars …

Я з'язджаю …
[ˈa zʲazˈdʒaɥ …]

Nous partons …

Мы з'язджаем …
[mɨ zʲazˈdʒaem …]

maintenant

зараз
[zaraz]

cet après-midi

сёння пасля абеду
[sʲɔnnʲa pasˈlʲa aˈbedu]

ce soir

сёння ўвечары
[sʲɔnnʲa uˈwetʃarɨ]

demain

заўтра
[zawtra]

demain matin

заўтра ўранку
[zawtra uˈranku]

demain après-midi

заўтра ўвечары
[zawtra uˈwetʃarɨ]

après-demain

паслязаўтра
[paslʲaˈzawtra]

Je voudrais régler mon compte.

Я б хацеў /хацела б/ разлічыцца.
[ˈa b haˈtsew /haˈtsela/ razliˈtʃɨtsa.]

Tout était merveilleux.

Усё было выдатна.
[wsʲo bɨˈlɔ vɨˈdatna.]

Où puis-je trouver un taxi?

Дзе я магу ўзяць таксі?
[dze ˈa maˈɦu wzʲatsʲ takˈsi?]

Pourriez-vous m'appeler un taxi, s'il vous plaît?

Выклікайце мне таксі, калі ласка.
[vɨklikajtse mne taksi, kaˈli ˈlaska.]

Restaurant

Puis-je voir le menu, s'il vous plaît?	**Магу я паглядзець ваша меню?** [ma'hu ʲa pahlʲa'dzetsʲ 'vaʃa me'nʉ?]
Une table pour une personne.	**Столік для аднаго.** [stolik dlʲa adna'ho.]
Nous sommes deux (trois, quatre).	**Нас два (тры, чатыры) чалавекі.** [nas dva (tri, tʃa'tiri) tʃala'veki.]
Fumeurs	**Для тых, хто паліць.** [dlʲa tih, hto 'palitsʲ]
Non-fumeurs	**Для тых, хто ня паліць.** [dlʲa tih, hto nʲa 'palitsʲ]
S'il vous plaît!	**Будзьце ласкавы!** [butʲtse las'kavi!]
menu	**меню** [me'nʉ]
carte des vins	**карта він** [karta vin]
Le menu, s'il vous plaît.	**Меню, калі ласка.** [me'nʉ, ka'li 'laska.]
Êtes-vous prêts à commander?	**Вы гатовы зрабіць замову?** [vi ha'tovi zra'bitsʲ za'movu?]
Qu'allez-vous prendre?	**Што вы будзеце замаўляць?** [ʃto vi 'budzetse zamaw'lʲatsʲ?]
Je vais prendre …	**Я буду …** [ʲa 'budu …]
Je suis végétarien.	**Я вегетарыянец /вегетарыянка/.** [ʲa vehetari'ʲanets /vehetari'ʲanka/.]
viande	**мяса** [mʲasa]
poisson	**рыба** [riba]
légumes	**гародніна** [ha'rodnina]
Avez-vous des plats végétariens?	**У вас ёсць вегетарыянскія стравы?** [u vas ʲostsʲ vehetari'ʲanskiʲa 'stravi?]
Je ne mange pas de porc.	**Я ня ем свініну.** [ʲa nʲa em svi'ninu.]
Il /elle/ ne mange pas de viande.	**Ён /яна/ не есць мяса.** [ʲon /ʲa'na/ ne estsʲ 'mʲasa.]
Je suis allergique à …	**У мяне алергія на …** [u mʲa'ne aler'hiʲa na …]

Pourriez-vous m'apporter …,
s'il vous plaît.

Прынясіце мне, калі ласка …
[prinʲaˈsiʦe mne, kaˈli ˈlaska …]

le sel | le poivre | du sucre

соль | перац | цукар
[sɔlʲ | ˈperaʦ | ˈʦukar]

un café | un thé | un dessert

каву | гарбату | дэсерт
[kavu | ɦarˈbatu | dɛˈsert]

de l'eau | gazeuse | plate

вада | з газам | бяз газу
[vaˈda | z ˈɦazam | bʲaz ˈɦazu]

une cuillère | une fourchette | un couteau

лыжка | відэлец | нож
[liʒka | viˈdɛleʦ | nɔʒ]

une assiette | une serviette

талерка | сурвэтка
[taˈlerka | surˈvɛtka]

Bon appétit!

Прыемнага апетыту!
[priˈemnaɦa apeˈtitu!]

Un de plus, s'il vous plaît.

Прынясіце яшчэ, калі ласка.
[prinʲaˈsiʦe ʲaˈʦɛ, kaˈli ˈlaska.]

C'était délicieux.

Было вельмі смачна.
[biˈlɔ ˈvelʲmi ˈsmaʧna.]

---

l'addition | de la monnaie | le pourboire

рахунак | рэшта | на гарбату
[raˈhunak | ˈrɛʃta | na ɦarˈbatu]

L'addition, s'il vous plaît.

Рахунак, калі ласка.
[raˈhunak, kaˈli ˈlaska.]

Puis-je payer avec la carte?

Магу я заплаціць карткай?
[maˈɦu ʲa zaplaˈʦiʦʲ ˈkartkaj?]

Excusez-moi, je crois qu'il y a une
erreur ici.

Прабачце, тут памылка.
[praˈbaʧʦe, tut paˈmilka.]

Shopping. Faire les Magasins

Est-ce que je peux vous aider?
Магу я вам дапамагчы?
[ma'ɦu ˡa vam dapamaɦ'ʧi?]

Avez-vous … ?
У вас ёсць ...?
[u vas ˡosʦˡ ...?]

Je cherche …
Я шукаю ...
[ˡa ʃu'kaʉ ...]

Il me faut …
Мне патрэбны ...
[mne pa'trɛbnɨ ...]

Je regarde seulement, merci.
Я проста гляджу.
[ˡa 'prɔsta ɦlˡa'dʒu.]

Nous regardons seulement, merci.
Мы проста глядзім.
[mɨ 'prɔsta ɦlˡa'dzim.]

Je reviendrai plus tard.
Я зайду пазней.
[ˡa zaj'du paz'nej.]

On reviendra plus tard.
Мы зойдзем пазней.
[mɨ 'zɔjdzem paz'nej.]

Rabais | Soldes
зніжкі | распродаж
[zniʒki | ras'prɔdaʒ]

Montrez-moi, s'il vous plaît …
Пакажыце мне, калі ласка ...
[paka'ʒɨʦe mne, ka'li 'laska ...]

Donnez-moi, s'il vous plaît …
Дайце мне, калі ласка ...
[dajʦe mne, ka'li 'laska ...]

Est-ce que je peux l'essayer?
Магу я гэта прымерыць?
[ma'ɦu ˡa 'ɦɛta pri'merɨʦˡ?]

Excusez-moi, où est la cabine d'essayage?
Прабачце, дзе прымерачная кабіна?
[pra'baʧʦe, dze pri'meraʧnaˡa ka'bina?]

Quelle couleur aimeriez-vous?
Які колер вы жадаеце?
[ˡaki 'kɔler vɨ ʒa'daeʦe?]

taille | longueur
памер | рост
[pa'mer | rɔst]

Est-ce que la taille convient ?
Падыйшло?
[padɨj'ʃlɔ?]

Combien ça coûte?
Колькі гэта каштуе?
[kɔlˡki 'ɦɛta kaʃ'tue?]

C'est trop cher.
Гэта занадта дорага.
[ɦɛta za'natta 'dɔraɦa.]

Je vais le prendre.
Я вазьму гэта.
[ˡa vazˡ'mu 'ɦɛta.]

Excusez-moi, où est la caisse?
Прабачце, дзе каса?
[pra'baʧʦe, dze 'kasa?]

Payerez-vous comptant ou par carte de crédit?

Як вы будзеце разлічвацца?
Наяўнымі ці крэдытнай карткай?
[ˈak vɨ ˈbudʑetse raz'litʃvatsa
na'ʲawnɨmi tsi krɛ'dɨtnaj 'kartkaj?]

Comptant | par carte de crédit

наяўнымі | карткай
[na'ʲawnɨmi | 'kartkaj]

Voulez-vous un reçu?

Вам патрэбен квіток?
[vam pa'trɛben kvi'tɔk?]

Oui, s'il vous plaît.

Так, будзьце ласкавы.
[tak, 'butʲtse las'kavɨ.]

Non, ce n'est pas nécessaire.

Не. Не патрэбен. Дзякуй.
[ne, ne pa'trɛben. 'dzʲakuj.]

Merci. Bonne journée!

Дзякуй. Усяго добрага!
[dzʲakuj. usʲa'fɔ 'dɔbrafa!]

En ville

Excusez-moi, …	**Прабачце, калі ласка …** [pra'baʧtse, ka'li 'laska …]
Je cherche …	**Я шукаю …** [ˈʲa ʃu'kaʉ …]
le métro	**метро** [me'trɔ]
mon hôtel	**сваю гасцініцу** [sva'ʉ ɦas'tsinitsu]
le cinéma	**кінатэатр** [kinatɛ'atr]
un arrêt de taxi	**стаянку таксі** [sta'ʲʲanku tak'si]
un distributeur	**банкамат** [banka'mat]
un bureau de change	**пункт абмену валют** [punkt ab'menu va'lʉt]
un café internet	**інтэрнэт-кафэ** [intɛr'nɛt ka'fɛ]
la rue …	**вуліцу …** [vuliʦu …]
cette place-ci	**вось гэтае месца** [vɔsʲ 'ɦɛtae 'mesʲʦa]
Savez-vous où se trouve …?	**Вы ня ведаеце, дзе знаходзіцца …?** [vɨ nʲa 'vedaetse, dze zna'ɦɔʣiʦa …?]
Quelle est cette rue?	**Як называецца гэтая вуліца?** [ˈʲak nazi'vaetsa 'ɦɛtaʲa 'vuliʦa?]
Montrez-moi où sommes-nous, s'il vous plaît.	**Пакажыце, дзе мы зараз.** [paka'ʒɨtse, dze mɨ 'zaraz.]
Est-ce que je peux y aller à pied?	**Я дайду туды пешшу?** [ˈʲa daj'du tu'dɨ 'peʃu?]
Avez-vous une carte de la ville?	**У вас ёсць карта горада?** [u vas ʲosʦʲ 'karta 'ɦɔrada?]
C'est combien pour un ticket?	**Колькі каштуе ўваходны білет?** [kɔlʲki kaʃ'tue wva'ɦɔdnɨ bi'let?]
Est-ce que je peux faire des photos?	**Тут дазволена фатаграфаваць?** [tut daz'vɔlena fataɦrafa'vatsʲ?]
Êtes-vous ouvert?	**Вы адчынены?** [vɨ at'ʧɨneni?]

À quelle heure ouvrez-vous?

А якой гадзіне вы адчыняецеся?
[a ˈjakɔj ɦaˈdzine vɨ atʧiˈnʲaetsesʲa?]

À quelle heure fermez-vous?

Да якой гадзіны вы працуеце?
[da ʲaˈkɔj ɦaˈdzinɨ vɨ praˈtsuetse?]

L'argent

argent	**грошы** [ˈɦrɔʃi]
argent liquide	**наяўныя грошы** [naˈˡawniˡa ˈɦrɔʃi]
des billets	**папяровыя грошы** [papˡaˈrɔviˡa ˈɦrɔʃi]
petite monnaie	**дробязь** [drɔbˡazʲ]
l'addition	de la monnaie	le pourboire	**рахунак	рэшта	на гарбату** [raˈhunak	ˈrɛʃta	na ɦarˈbatu]
carte de crédit	**крэдытная картка** [krɛˈdɪtnaˡa ˈkartka]
portefeuille	**кашалёк** [kaʃaˈˡˡok]
acheter	**купляць** [kupˈˡˡatsʲ]
payer	**плаціць** [plaˈtsitsʲ]
amende	**штраф** [ʃtraf]
gratuit	**бясплатна** [bˡasˈplatna]
Où puis-je acheter ... ?	**Дзе я магу купіць …?** [dze ˡa maˈɦu kuˈpitsʲ …?]
Est-ce que la banque est ouverte en ce moment?	**Банк зараз адчынены?** [bank ˈzaraz atˈtʃineni?]
À quelle heure ouvre-t-elle?	**А якой гадзіне ён адчыняецца?** [a ˈˡakɔj ɦaˈdzine ˡon attʃiˈnˡaetsa?]
À quelle heure ferme-t-elle?	**Да якой гадзіны ён працуе?** [da ˡaˈkɔj ɦaˈdzini ˡon praˈtsue?]
C'est combien?	**Колькі?** [kɔlˡki?]
Combien ça coûte?	**Колькі гэта каштуе?** [kɔlˡki ˈɦɛta kaʃˈtue?]
C'est trop cher.	**Гэта занадта дорага.** [ɦɛta zaˈnatta ˈdɔraɦa.]
Excusez-moi, où est la caisse?	**Прабачце, дзе каса?** [praˈbatʃse, dze ˈkasa?]
L'addition, s'il vous plaît.	**Рахунак, калі ласка.** [raˈhunak, kaˈli ˈlaska.]

Puis-je payer avec la carte?

Магу я заплаціць карткай?
[ma'hu ˈa zapla'tsitsʲ 'kartkaj?]

Est-ce qu'il y a un distributeur ici?

Тут ёсць банкамат?
[tut ˈostsʲ banka'mat?]

Je cherche un distributeur.

Мне патрэбен банкамат.
[mne pa'trɛben banka'mat.]

Je cherche un bureau de change.

Я шукаю пункт абмену валют.
[ˈa ʃu'kaju punkt ab'menu va'lʉt.]

Je voudrais changer ...

Я б хацеў /хацела/ памяняць ...
[ˈa b ha'tsew /ha'tsela/ pamʲa'nʲatsʲ ...]

Quel est le taux de change?

Які курс абмену?
[ˈaki kurs ab'menu?]

Avez-vous besoin de mon passeport?

Вам патрэбен мой пашпарт?
[vam pa'trɛben mɔj 'paʃpart?]

Le temps

Quelle heure est-il?	**Колькі часу?** [kɔlʲki 'ʧasu?]
Quand?	**Калі?** [ka'li?]
À quelle heure?	**У колькі?** [u 'kɔlʲki?]
maintenant | plus tard | après …	**зараз | пазней | пасля …** [zaraz | paz'nej | pas'lʲa …]
une heure	**гадзіна папоўдні** [ɦa'dzina pa'powdni]
une heure et quart	**гадзіна пятнаццаць** [ɦa'dzina pʲat'natsatsʲ]
une heure et demie	**гадзіна трыццаць** [ɦa'dzina 'tritsatsʲ]
deux heures moins quart	**без пятнаццаці два** [bez pʲat'natsatsi dva]
un | deux | trois	**адін | два | тры** [a'din | dva | tri]
quatre | cinq | six	**чатыры | пяць | шэсць** [ʧa'tiri | pʲatsʲ | ʃɛstsʲ]
sept | huit | neuf	**сем | восем | дзевяць** [sem | 'vɔsem | 'dzevʲatsʲ]
dix | onze | douze	**дзесяць | адзінаццаць | дванаццаць** [dzes'ʲatsʲ | a'dzinatsatsʲ | dva'natsatsʲ]
dans …	**праз …** [praz …]
cinq minutes	**пяць хвілін** [pʲatsʲ hvi'lin]
dix minutes	**дзесяць хвілін** [dzes'ʲatsʲ hvi'lin]
quinze minutes	**пятнаццаць хвілін** [pʲat'natsatsʲ hvi'lin]
vingt minutes	**дваццаць хвілін** [dvatsatsʲ hvi'lin]
une demi-heure	**паўгадзіны** [pawɦa'dzini]
une heure	**адну гадзіну** [ad'nu ɦa'dzinu]

dans la matinée	**раніцай, уранні** [ranitsaj, uˈranni]
tôt le matin	**рана ўранні** [rana uˈranni]
ce matin	**сёння удзень** [sʲonnʲa uˈdzenʲ]
demain matin	**заўтра раніцай** [zawtra ˈranitsaj]
à midi	**у абед** [u aˈbet]
dans l'après-midi	**пасля абеду** [pasˈlʲa aˈbedu]
dans la soirée	**увечары** [uˈvetʃarɨ]
ce soir	**сёння увечары** [sʲonnʲa uˈvetʃarɨ]
la nuit	**ноччу** [notʃu]
hier	**учора** [uˈtʃora]
aujourd'hui	**сёння** [sʲonnʲa]
demain	**заўтра** [zawtra]
après-demain	**паслязаўтра** [paslʲaˈzawtra]
Quel jour sommes-nous aujourd'hui?	**Які сёння дзень?** [ʲaki ˈsʲonnʲa dzenʲ?]
Nous sommes …	**Сёння …** [sʲonnʲa …]
lundi	**панядзелак** [panʲaˈdzelak]
mardi	**аўторак** [awˈtorak]
mercredi	**серада** [seraˈda]
jeudi	**чацвер** [tʃatsˈver]
vendredi	**пятніца** [pʲatnitsa]
samedi	**субота** [suˈbota]
dimanche	**нядзеля** [nʲaˈdzelʲa]

Salutations - Introductions

Bonjour.

Прывітанне.
[privi'tanne.]

Enchanté /Enchantée/

Рады /рада/ з вамі пазнаёміцца.
[radi /'rada/ z 'vami pazna'omitsa.]

Moi aussi.

Я таксама.
[ʲa tak'sama.]

Je voudrais vous présenter …

Знаёмцеся. Гэта …
[znaʲomtsesʲa. 'hɛta …]

Ravi /Ravie/ de vous rencontrer.

Вельмі прыемна.
[velʲmi priʲemna.]

Comment allez-vous?

Як вашы справы?
[ʲak 'vaʃi 'spravi?]

Je m'appelle …

Мяне завуць …
[mʲaʲne za'vutsʲ …]

Il s'appelle …

Яго завуць …
[ʲahɔ za'vutsʲ …]

Elle s'appelle …

Яе завуць …
[ʲae za'vutsʲ …]

Comment vous appelez-vous?

Як вас завуць?
[ʲak vas za'vutsʲ?]

Quel est son nom?

Як яго завуць?
[ʲak ʲa'hɔ za'vutsʲ?]

Quel est son nom?

Як яе завуць?
[ʲak ʲae za'vutsʲ?]

Quel est votre nom de famille?

Як ваша прозвішча?
[ʲak 'vaʃa 'prɔzviʧa?]

Vous pouvez m'appeler …

Завіце мяне …
[za'vitse mʲaʲne …]

D'où êtes-vous?

Адкуль вы?
[at'kulʲ vi]

Je suis de …

Я з …
[ʲa z …]

Qu'est-ce que vous faites dans la vie?

Кім вы працуеце?
[kim vi pra'tsuetse?]

Qui est-ce?

Хто гэта?
[htɔ 'hɛta?]

Qui est-il?

Хто ён?
[htɔ ʲon?]

Qui est-elle?

Хто яна?
[htɔ ʲa'na?]

Qui sont-ils?

Хто яны?
[htɔ ʲaˈnɨ?]

C'est …

Гэта …
[ɦɛta …]

mon ami

мой сябар
[mɔj ˈsʲabar]

mon amie

мая сяброўка
[maˈʲa sʲabˈrɔwka]

mon mari

мой муж
[mɔj muʒ]

ma femme

мая жонка
[maˈʲa ˈʒɔnka]

mon père

мой бацька
[mɔj ˈbatsʲka]

ma mère

мая маці
[maˈʲa ˈmatsi]

mon frère

мой брат
[mɔj brat]

ma sœur

мая сястра
[maˈʲa sʲasˈtra]

mon fils

мой сын
[mɔj sɨn]

ma fille

мая дачка
[maˈʲa datʃˈka]

C'est notre fils.

Гэта наш сын.
[ɦɛta naʃ sɨn.]

C'est notre fille.

Гэта наша дачка.
[ɦɛta ˈnaʃa datʃˈka.]

Ce sont mes enfants.

Гэта мае дзеці.
[ɦɛta mae ˈdzetsi.]

Ce sont nos enfants.

Гэта нашы дзеці.
[ɦɛta naʃɨ ˈdzetsi.]

Les adieux

Au revoir!

Да пабачэння!
[da paba'tʃɛnnʲa!]

Salut!

Бывай!
[bɨ'vaj!]

À demain.

Да заўтра.
[da 'zawtra.]

À bientôt.

Да сустрэчы.
[da sus'trɛtʃɨ.]

On se revoit à sept heures.

Сустрэнемся ў сем.
[sus'trɛnemsʲa w sem.]

Amusez-vous bien!

Баўцеся!
[bawt͡sesʲa!]

On se voit plus tard.

Пагаворым пазней.
[paɦa'vɔrim paz'nej.]

Bonne fin de semaine.

Удалых выхадных.
[u'dalɨh vɨhad'nih.]

Bonne nuit.

Дабранач.
[da'branatʃ.]

Il est l'heure que je parte.

Мне трэба ісці.
[mne 'trɛba is'tsi.]

Je dois m'en aller.

Мне трэба ісці.
[mne 'trɛba is'tsi.]

Je reviens tout de suite.

Я зараз вярнуся.
[ʲa 'zaraz vʲar'nusʲa.]

Il est tard.

Ужо позна.
[uʒɔ 'pɔzna.]

Je dois me lever tôt.

Мне рана ўставаць.
[mne 'rana wsta'vatsʲ.]

Je pars demain.

Я заўтра з'яджаю.
[ʲa 'zawtra zʲʲaz'dʒaʉ.]

Nous partons demain.

Мы заўтра з'яджаем.
[mɨ 'zawtra zʲʲaz'dʒaem.]

Bon voyage!

Шчаслівай паездкі!
[ɕas'livaj pa'eztki!]

Enchanté de faire votre connaissance.

Было прыемна з вамі пазнаёміцца.
[bɨ'lɔ pri'emna z 'vami pazna'ʲomitsa.]

Heureux /Heureuse/ d'avoir
parlé avec vous.

Было прыемна з вамі пагутарыць.
[bɨ'lɔ pri'emna z 'vami pa'ɦutaritsʲ.]

Merci pour tout.

Дзякуй за ўсё.
[dzʲakuj za 'wsʲo.]

Je me suis vraiment amusé /amusée/

Я цудоўна збавіў /збавіла/ час!
['a tsu'dɔwna 'zbawiw /'zbawila/ tʃas.]

Nous nous sommes vraiment
amusés /amusées/

Мы цудоўна збавілі час!
[mɨ tsu'dɔwna 'zbawili tʃas.]

C'était vraiment plaisant.

Усё было выдатна.
[wsʲo bɨ'lɔ vɨ'datna.]

Vous allez me manquer.

Я буду сумаваць.
['a 'budu suma'vatsʲ.]

Vous allez nous manquer.

Мы будзем сумаваць.
[mɨ 'budzem suma'vatsʲ.]

Bonne chance!

Удачы! Шчасліва!
[u'datʃɨ! ças'liva!]

Mes salutations à ...

Перадавайце прывітанне ...
[perada'vajtse privi'tanne ...]

Une langue étrangère

Je ne comprends pas.
Я не разумею.
[ˈa ne razuˈmeʉ.]

Écrivez-le, s'il vous plaît.
Напішыце гэта, калі ласка.
[napiˈʂɨtse ˈɦɛta, kaˈli ˈlaska.]

Parlez-vous …?
Вы валодаеце …?
[vɨ vaˈlɔdaetse …?]

Je parle un peu …
Я крыху валодаю … мовай
[ˈa ˈkrihu vaˈlɔdaʉ … ˈmɔvaj]

anglais
англійскай
[anɦˈlijskaj]

turc
турэцкай
[tuˈrɛtskaj]

arabe
арабскай
[aˈrabskaj]

français
французкай
[franˈtsuskaj]

allemand
нямецкай
[nʲaˈmetskaj]

italien
італьянскай
[itaˈlʲanskaj]

espagnol
іспанскай
[isˈpanskaj]

portugais
партугальскай
[partuˈɦalʲskaj]

chinois
кітайскай
[kiˈtajskaj]

japonais
японскай
[ˈaˈpɔnskaj]

Pouvez-vous le répéter, s'il vous plaît.
Паўтарыце, калі ласка.
[pawtaˈrɨtse, kaˈli ˈlaska.]

Je comprends.
Я разумею.
[ˈa razuˈmeʉ.]

Je ne comprends pas.
Я не разумею.
[ˈa ne razuˈmeʉ.]

Parlez plus lentement, s'il vous plaît.
Гаварыце павольней, калі ласка.
[ɦavaˈrɨtse paˈvɔlʲnej, kaˈli ˈlaska.]

Est-ce que c'est correct?
Гэта правільна?
[ˈɦɛta ˈpravilʲna?]

Qu'est-ce que c'est?
Что гэта?
[tʂtɔ ˈɦɛta?]

Les excuses

Excusez-moi, s'il vous plaît.	**Выбачайце, калі ласка.** [vɨba'tʃajtse, ka'li 'laska.]
Je suis désolé /désolée/	**Мне шкада.** [mne 'ʃkada.]
Je suis vraiment /désolée/	**Мне вельмі шкада.** [mne 'velʲmi 'ʃkada.]
Désolé /Désolée/, c'est ma faute.	**Я вінаваты /вінавата/, гэта мая віна.** [ʲa vina'vatɨ /vina'vata/, 'ɦɛta maʲa 'vina.]
Au temps pour moi.	**Мая памылка.** [maʲa pa'mɨlka.]
Puis-je … ?	**Магу я…?** [ma'ɦu ʲa …?]
Ça vous dérange si je …?	**Вы не будзеце пярэчыць, калі я …?** [vɨ ne 'budzetse pʲa'rɛtʃɨtsʲ, ka'li ʲa …?]
Ce n'est pas grave.	**Нічога страшнага.** [ni'tʃoɦa 'straʃnaɦa.]
Ça va.	**Усё ў парадку.** [wsʲo w pa'ratku.]
Ne vous inquiétez pas.	**Не хвалюйцеся.** [ne hva'lʲujtsesʲa.]

Les accords

Oui	**Так.** [tak.]
Oui, bien sûr.	**Так, канечне.** [tak, ka'netʃne.]
Bien.	**Добра!** [dɔbra!]
Très bien.	**Вельмі добра.** [velʲmi 'dɔbra.]
Bien sûr!	**Канечне!** [ka'netʃne!]
Je suis d'accord.	**Я згодны /згодна/.** [ˈa 'zɦɔdni /'zɦɔdna/.]
C'est correct.	**Дакладна.** [da'kladna.]
C'est exact.	**Правільна.** [pravilʲna.]
Vous avez raison.	**Вы маеце рацыю.** [vi 'maetse 'ratsiu.]
Je ne suis pas contre.	**Я ня супраць.** [ˈa nʲa 'supratsʲ.]
Tout à fait correct.	**Зусім дакладна.** [zu'sim da'kladna.]
C'est possible.	**Гэта магчыма.** [ɦɛta maɦ'tʃima.]
C'est une bonne idée.	**Гэта добрая думка.** [ɦɛta 'dɔbraʲa 'dumka.]
Je ne peux pas dire non.	**Не магу адмовіць.** [ne ma'ɦu ad'mɔvitsʲ.]
J'en serai ravi /ravie/	**Буду рады /рада/.** [budu 'radɨ /'rada/.]
Avec plaisir.	**З задавальненнем.** [z zadavalʲ'nennem.]

Refus, exprimer le doute

Non	**Не.** [ne.]
Absolument pas.	**Канечне не.** [ka'netʃne ne.]
Je ne suis pas d'accord.	**Я не згодны /згодна/.** [ˈja ne 'zɦɔdnɨ /'zɦɔdna/.]
Je ne le crois pas.	**Я так не лічу.** [ˈja tak ne li'tʃu.]
Ce n'est pas vrai.	**Гэта няпраўда.** [ɦɛta nʲa'prawda.]
Vous avez tort.	**Вы памыляецеся.** [vɨ pamɨ'lʲaetsesʲa.]
Je pense que vous avez tort.	**Я думаю, што вы памыляецеся.** [ˈja 'dumaʉ, ʃtɔ vɨ pamɨ'lʲaetsesʲa.]
Je ne suis pas sûr /sûre/	**Не ўпэўнены /ўпэўнена/.** [ne u'pɛwnenɨ /u'pɛwnena/.]
C'est impossible.	**Гэта немагчыма.** [ɦɛta nemaɦ'tʃɨma.]
Pas du tout!	**Нічога падобнага!** [ni'tʃɔɦa pa'dɔbnaɦa!]
Au contraire!	**Наадварот!** [naadva'rɔt!]
Je suis contre.	**Я супраць.** [ˈja 'supratsʲ.]
Ça m'est égal.	**Мне ўсё роўна.** [mne wsʲɔ 'rɔwna.]
Je n'ai aucune idée.	**Паняцця ня маю.** [pa'nʲatsʲa nʲa 'maʉ.]
Je doute que cela soit ainsi.	**Сумняваюся, что гэта так.** [sumnʲa'vaʉsʲa, tʃtɔ 'ɦɛta tak.]
Désolé /Désolée/, je ne peux pas.	**Прабачце, я не магу.** [pra'batʃtse, ʲa ne ma'ɦu.]
Désolé /Désolée/, je ne veux pas.	**Прабачце, я не хачу.** [pra'batʃtse, ʲa ne ha'tʃu.]
Merci, mais ça ne m'intéresse pas.	**Дзякуй, мне гэта ня трэба.** [dzʲakuj, mne 'ɦɛta nʲa 'trɛba.]
Il se fait tard.	**Ужо позна.** [uʒɔ 'pɔzna.]

Je dois me lever tôt.

Мне рана ўставаць.
[mne 'rana wsta'vatsⁱ.]

Je ne me sens pas bien.

Я дрэнна сябе адчуваю.
[ⁱa 'drɛnna sⁱa'be attʃu'vau.]

Exprimer la gratitude

Merci.	**Дзякуй.**
	[dz'akuj.]
Merci beaucoup.	**Дзякуй вялікі!**
	[dz'akuj v'a'liki.]
Je l'apprécie beaucoup.	**Вельмі ўдзячны /удзячна/.**
	[wel'mi u'dz'atʃni /u'dz'atʃna/.]
Je vous suis très reconnaissant.	**Я вам удзячны /удзячна/.**
	['a vam u'dz'atʃni /u'dz'atʃna/.]
Nous vous sommes très reconnaissant.	**Мы вам удзячны.**
	[mi vam u'dz'atʃni.]
Merci pour votre temps.	**Дзякуй, что выдаткавалі час.**
	[dz'akuj, tʃto 'vidatkavali tʃas.]
Merci pour tout.	**Дзякуй за ўсё.**
	[dz'akuj za 'ws'o.]
Merci pour …	**Дзякуй за …**
	[dz'akuj za …]
votre aide	**вашу дапамогу**
	[vaʃu dapa'mɔhu]
les bons moments passés	**прыемныя часіны**
	[pri'emn'a tʃa'sini]
un repas merveilleux	**выдатную ежу**
	[vi'datnuɛ 'eʒu]
cette agréable soirée	**прыемны вечар**
	[pri'emni 'vetʃar]
cette merveilleuse journée	**цудоўны дзень**
	[tsu'dɔwni dzen']
une excursion extraordinaire	**цікавую экскурсію**
	[tsi'kavuɛ ɛks'kursiɛ]
Il n'y a pas de quoi.	**Няма за што.**
	[n'a'ma za 'ʃtɔ.]
Vous êtes les bienvenus.	**Ня варта падзякі.**
	[n'a 'varta pa'dz'aki.]
Mon plaisir.	**Заўсёды калі ласка.**
	[zaw's'odi ka'li 'laska.]
J'ai été heureux /heureuse/ de vous aider.	**Быў рады /Была рада/ дапамагчы.**
	[biw 'radi /bila 'rada/ dapamaɦ'tʃi.]
Ça va. N'y pensez plus.	**Забудзьце. Усё добра.**
	[za'but'tse. ws'o 'dɔbra.]
Ne vous inquiétez pas.	**Не турбуйцеся.**
	[ne tur'bujtses'a.]

Félicitations. Vœux de fête

Félicitations!	**Віншую!** [vinʲʃuɥ!]
Joyeux anniversaire!	**З днём нараджэння!** [z 'dnʲom nara'dʒɛnnʲa!]
Joyeux Noël!	**Вясёлых Калядаў!** [vʲa'sʲolʲih ka'lʲadaw!]
Bonne Année!	**С Новым годам!** [s 'novʲim 'ɦodam!]
Joyeuses Pâques!	**Са Светлым Вялікаднем!** [sa 'svetlʲim vʲa'likadnem!]
Joyeux Hanoukka!	**Счаслівай Хануkі!** [stʃas'lʲivaj 'hanuki!]
Je voudrais proposer un toast.	**У мяне ёсць тост.** [u mʲa'ne 'ostsʲ tost.]
Santé!	**За ваша здароўе!** [za 'vaʃa zda'rɔwe!]
Buvons à …!	**Вып'ем за …!** [vɨpʲem za …!]
À notre succès!	**За нашыя поспехі!** [za 'naʃʲa 'pɔspehi!]
À votre succès!	**За вашыя поспехі!** [za 'vaʃʲa 'pɔspehi!]
Bonne chance!	**Удачы!** [u'datʃi!]
Bonne journée!	**Прыемнага вам дня!** [prɨ'emnaɦa vam dnʲa!]
Passez de bonnes vacances !	**Добрага вам адпачынку!** [dɔbraɦa vam adpa'tʃinku!]
Bon voyage!	**Удалай паездкі!** [u'dalaj pa'eztki!]
Rétablissez-vous vite.	**Жадаю вам хуткай папраўкі!** [ʒa'daɥ vam 'hutkaj pa'prawki!]

Socialiser

Pourquoi êtes-vous si triste?	**Чаму вы засмучаны?** [tʃa'mu vɨ zas'mutʃanɨ?]
Souriez!	**Усміхніцеся!** [usmih'nitsesʲaʲ!]
Êtes-vous libre ce soir?	**Вы не занятыя сёння ўвечары?** [vɨ ne zaʲnʲatiʲa 'sʲonnʲa u'wetʃarɨ?]
Puis-je vous offrir un verre?	**Магу я прапанаваць вам выпіць?** [ma'ɦu ʲa prapana'vats vam 'vɨpitsʲ?]
Voulez-vous danser?	**Ня хочаце патанцаваць?** [nʲa 'ɦotʃatse patantsa'vatsʲ?]
Et si on va au cinéma?	**Можа сходзім у кіно?** [mɔʒa 'sɦɔdzim u ki'nɔ?]
Puis-je vous inviter ...	**Магу я запрасіць вас у …?** [ma'ɦu ʲa zapra'sitsʲ vas u …?]
au restaurant	**рэстаран** [rɛsta'ran]
au cinéma	**кіно** [ki'nɔ]
au théâtre	**тэатр** [tɛ'atr]
pour une promenade	**на прагулку** [na pra'ɦulku]
À quelle heure?	**У колькі?** [u 'kɔlʲki?]
ce soir	**сёння увечары** [sʲonnʲa u'wetʃarɨ]
à six heures	**у шэсць гадзін** [u ʃɛstsʲ ɦa'dzin]
à sept heures	**у сем гадзін** [u sem ɦa'dzin]
à huit heures	**у восем гадзін** [u 'vɔsem ɦa'dzin]
à neuf heures	**у дзевяць гадзін** [u 'dzevʲatsʲ ɦa'dzin]
Est-ce que vous aimez cet endroit?	**Вам тут падабаецца?** [vam tut pada'baetsa?]
Êtes-vous ici avec quelqu'un?	**Вы тут з кімсьці?** [vɨ tut z 'kimsʲtsi?]
Je suis avec mon ami.	**Я з сябрам /сяброўкай/.** [ʲa z 'sʲabram /sʲab'rɔwkaj/.]

Je suis avec mes amis.	**Я з сябрамі.** ['a z sʲab'rami.]
Non, je suis seul /seule/	**Я адзін /адна/.** ['a a'dzin /ad'na/.]

As-tu un copain?	**У цябе ёсць прыяцель?** [u tsʲa'be ʲostsʲ priʲ'atselʲ?]
J'ai un copain.	**У мяне ёсць сябар.** [u mʲa'ne ʲostsʲ 'sʲabar.]
As-tu une copine?	**У цябе ёсць сяброўка?** [u tsʲa'be ʲostsʲ sʲab'rowka?]
J'ai une copine.	**У мяне ёсць дзяўчына.** [u mʲa'ne ʲostsʲ dzʲaw'tʃina.]

Est-ce que je peux te revoir?	**Мы яшчэ сустрэнемся?** [mɨ ʲa'ɕɛ sus'trɛnemsʲa?]
Est-ce que je peux t'appeler?	**Можна я табе пазваню?** [mɔʒna ʲa ta'be pazva'nʉ?]
Appelle-moi.	**Пазвані мне.** [pazva'ni mne.]
Quel est ton numéro?	**Які ў цябе нумар?** [ʲaki u tsʲa'be 'numar?]
Tu me manques.	**Я сумую па табе.** ['a su'mʉʉ pa ta'be.]

Vous avez un très beau nom.	**У вас вельмі прыгожае імя.** [u vas 'velʲmi priʲ'hɔʒae i'mʲa.]
Je t'aime.	**Я цябе кахаю.** ['a tsʲa'be ka'haʉ.]
Veux-tu te marier avec moi?	**Выходзь за мяне замуж.** [vi'hɔtsʲ za mʲa'ne 'zamuʒ.]

Vous plaisantez!	**Вы жартуеце!** [vɨ ʒar'tuetse!]
Je plaisante.	**Я проста жартую.** ['a 'prɔsta ʒar'tuʉ.]

Êtes-vous sérieux /sérieuse/?	**Вы сур'ёзна?** [vɨ su'rʲʲozna?]
Je suis sérieux /sérieuse/	**Я сур'ёзна.** ['a su'rʲʲozna.]
Vraiment?!	**Сапраўды?!** [sapraw'dɨ?!]
C'est incroyable!	**Гэта неверагодна!** [ɦɛta nevera'ɦɔdna]
Je ne vous crois pas.	**Я вам ня веру.** ['a vam nʲa 'veru.]

Je ne peux pas.	**Я не магу.** ['a ne ma'ɦu.]
Je ne sais pas.	**Я ня ведаю.** ['a nʲa 'vedaʉ.]

Je ne vous comprends pas

Я вас не разумею.
[ʲa vas ne razu'meʉ.]

Laissez-moi! Allez-vous-en!

Сыдзіце, калі ласка.
[sɨ'dzitse, ka'li 'laska.]

Laissez-moi tranquille!

Пакіньце мяне у спакоі!
[pa'kinʲtse mʲa'ne u spa'kɔi!]

Je ne le supporte pas.

Я яго не выношу!
[ʲa ʲa'ɦɔ ne vɨ'nɔʃu.]

Vous êtes dégoûtant!

Вы агідныя!
[vɨ a'ɦidnʲʲa!]

Je vais appeler la police!

Я выклікаю міліцыю!
[ʲa 'vɨklikaʉ mi'litsiʉ!]

Partager des impressions. Émotions

J'aime ça.
Мне гэта падабаецца.
[mne 'hɛta pada'baetsa.]

C'est gentil.
Вельмі міла.
[velʲmi 'mila.]

C'est super!
Гэта выдатна!
[hɛta vɨ'datna!]

C'est assez bien.
Гэта някепска.
[hɛta nʲa'kepska.]

Je n'aime pas ça.
Гэта мне не падабаецца
[hɛta mne ne pada'baetsa.]

Ce n'est pas bien.
Гэта нядобра.
[hɛta nʲa'dɔbra.]

C'est mauvais.
Гэта дрэнна.
[hɛta 'drɛnna.]

Ce n'est pas bien du tout.
Гэта вельмі дрэнна.
[hɛta 'velʲmi 'drɛnna.]

C'est dégoûtant.
Гэта агідна.
[hɛta a'hidna.]

Je suis content /contente/
Я шчаслівы /шчаслівая/.
[ˈa ɕas'livi /ɕas'livaʲa/.]

Je suis heureux /heureuse/
Я задаволены /задаволена/.
[ˈa zada'vɔlenɨ /zada'vɔlena/.]

Je suis amoureux /amoureuse/
Я закаханы /закахана/.
[ˈa zaka'hanɨ /zaka'hana/.]

Je suis calme.
Я спакойны /спакойна/.
[ˈa spa'kɔjnɨ /spa'kɔjna/.]

Je m'ennuie.
Мне сумна.
[mne 'sumna.]

Je suis fatigué /fatiguée/
Я стаміўся /стамілася/.
[ˈa sta'miwsʲa /sta'milasʲa/.]

Je suis triste.
Мне нудна.
[mne 'nudna.]

J'ai peur.
Я напужаны /напужана/.
[ˈa na'puʒanɨ /na'puʒana/.]

Je suis fâché /fâchée/
Я злуюся.
[ˈa zlu'usʲa.]

Je suis inquiet /inquiète/
Я хвалююся.
[ˈa hva'lʉjusʲa.]

Je suis nerveux /nerveuse/
Я нярвуюся.
[ˈa nʲar'vuʉsʲa.]

Je suis jaloux /jalouse/ **Я зайздрошчу.**
['a zajzd'rɔɕu.]

Je suis surpris /surprise/ **Я здзіўлены /здзіўлена/.**
['a 'zdziwleni /'zdziwlena/.]

Je suis gêné /gênée/ **Я азадачаны /азадачана/.**
['a aza'datʃani /aza'datʃana/.]

Problèmes. Accidents

J'ai un problème.	**У мяне праблема.** [u mʲaˈne prabˈlema.]
Nous avons un problème.	**У нас праблема.** [u nas prabˈlema.]
Je suis perdu /perdue/	**Я заблукаў /заблукала/.** [ˈʲa zabluˈkaw /zabluˈkala/.]
J'ai manqué le dernier bus (train).	**Я спазніўся на апошні аўтобус (цягнік).** [ˈʲa spazˈniwsʲa na aˈpɔʃni awˈtɔbus (tsʲaɦˈnik).]
Je n'ai plus d'argent.	**У мяне зусім не засталося грошай.** [u mʲaˈne zuˈsim ne zastaˈlɔsʲa ˈɦrɔʃaj.]
J'ai perdu mon ...	**Я згубіў /згубіла/...** [ˈʲa zɦuˈbiw /zɦuˈbila/ ...]
On m'a volé mon ...	**У мяне ўкралі ...** [u mʲaˈne wˈkrali ...]
passeport	**пашпарт** [paʃpart]
portefeuille	**кашалёк** [kaʃaˈlʲok]
papiers	**дакументы** [dakuˈmentɨ]
billet	**білет** [biˈlet]
argent	**грошы** [ˈɦrɔʃɨ]
sac à main	**сумку** [sumku]
appareil photo	**фотаапарат** [fɔtaapaˈrat]
portable	**ноутбук** [nɔutˈbuk]
ma tablette	**планшэт** [planˈʃɛt]
mobile	**тэлефон** [tɛleˈfɔn]
Au secours!	**Дапамажыце!** [dapamaˈʒɨtse]
Qu'est-il arrivé?	**Што здарылася?** [ʃtɔ ˈzdarɨlasʲa?]

un incendie пажар
[pa'ʒar]

des coups de feu страляніна
[stralʲa'nina]

un meurtre забойства
[za'bɔjstva]

une explosion выбух
[vɨbuh]

une bagarre бойка
[bɔjka]

Appelez la police! Выклікайце міліцыю!
[vɨklikajtse mi'litsɨu!]

Dépêchez-vous, s'il vous plaît! Калі ласка, хутчэй!
[ka'li 'laska, hu'tʃɛj!]

Je cherche le commissariat de police. Я шукаю аддзяленне міліцыі.
[ʲa ʃu'kaʉ adzʲa'lenne mi'litsɨi.]

Il me faut faire un appel. Мне трэба пазваніць.
[mne 'trɛba pazva'nitsʲ.]

Puis-je utiliser votre téléphone? Магу я пазваніць?
[ma'hu ʲa pazva'nitsʲ?]

J'ai été … Мяне …
[mʲa'ne …]

agressé /agressée/ абрабавалі
[abraba'vali]

volé /volée/ абкралі
[ab'krali]

violée згвалтавалі
[zɦvalta'vali]

attaqué /attaquée/ збілі
[zbili]

Est-ce que ça va? З вамі ўсё ў парадку?
[z 'vami wsʲo w pa'ratku?]

Avez-vous vu qui c'était? Вы бачылі, хто гэта быў?
[vɨ 'batʃɨli, htɔ 'ɦɛta bɨw?]

Pourriez-vous reconnaître cette personne? Вы зможаце яго пазнаць?
[vɨ 'zmɔʒatse ʲa'ɦɔ paz'natsʲ?]

Vous êtes sûr? Вы дакладна ўпэўнены?
[vɨ dak'ladna u'pɛwneni?]

Calmez-vous, s'il vous plaît. Калі ласка, супакойцеся.
[ka'li 'laska, supa'kɔjtsesʲa.]

Calmez-vous! Спакайней!
[spakaj'nej!]

Ne vous inquiétez pas. Не турбуйцеся.
[ne tur'bujtsesʲa.]

Tout ira bien. Усё будзе добра.
[wsʲo 'budze 'dɔbra.]

Ça va. Tout va bien. Усё ў парадку.
[wsʲo w pa'ratku.]

Venez ici, s'il vous plaît.

Падыдзіце, калі ласка.
[padi'dzitse, ka'li 'laska.]

J'ai des questions à vous poser.

У мяне да вас некалькі пытанняў.
[u mʲa'ne da vas 'nekalʲki pi'tannʲaw.]

Attendez un moment, s'il vous plaît.

Пачакайце, калі ласка.
[patʃa'kajtse, ka'li 'laska.]

Avez-vous une carte d'identité?

У вас ёсць дакументы?
[u vas ʲostsʲ daku'menti?]

Merci. Vous pouvez partir maintenant.

Дзякуй. Вы можаце ісці.
[dzʲakuj. vi mɔʒatse isʲtsi.]

Les mains derrière la tête!

Рукі за галаву!
[ruki za ɦala'vu!]

Vous êtes arrêté!

Вы арыштаваны.
[vi ariʃta'vani!]

Problèmes de santé

Aidez-moi, s'il vous plaît.	**Дапамажыце, калі ласка.** [dapama'ʒɨtse, ka'li 'laska.]
Je ne me sens pas bien.	**Мне дрэнна.** [mne 'drɛnna.]
Mon mari ne se sent pas bien.	**Майму мужу дрэнна.** [majmu 'muʒu 'drɛnna.]
Mon fils ...	**Майму сыну ...** [majmu 'sɨnu ...]
Mon père ...	**Майму бацьку ...** [majmu 'batsʲku ...]
Ma femme ne se sent pas bien.	**Маёй жонцы дрэнна.** [maʲoj 'ʒɔntsɨ 'drɛnna.]
Ma fille ...	**Маёй дачцэ ...** [maʲoj datʃ'tsɛ ...]
Ma mère ...	**Маёй маці ...** [maʲoj 'matsi ...]
J'ai mal ...	**У мяне баліць ...** [u mʲa'ne ba'litsʲ ...]
à la tête	**галава** [ɦala'va]
à la gorge	**горла** [ɦɔrla]
à l'estomac	**жывот** [ʒɨ'vɔt]
aux dents	**зуб** [zub]
J'ai le vertige.	**У мяне кружыцца галава.** [u mʲa'ne 'kruʒɨtsa ɦala'va.]
Il a de la fièvre.	**У яго тэмпература.** [u ʲa'ɦɔ tɛmpera'tura.]
Elle a de la fièvre.	**У яе тэмпература.** [u ʲae tɛmpera'tura.]
Je ne peux pas respirer.	**Я не магу дыхаць.** [ʲa ne ma'ɦu 'dɨhatsʲ.]
J'ai du mal à respirer.	**Я задыхаюся.** [ʲa zadɨ'haʉsʲa.]
Je suis asthmatique.	**Я астматык.** [ʲa ast'matɨk.]
Je suis diabétique.	**Я дыябетык.** [ʲa dɨʲa'betɨk.]

Je ne peux pas dormir.
У мяне бяссонніца.
[u mʲaʹne bʲasʹsɔnnitsa.]

intoxication alimentaire
харчовае атручванне
[harʹtʃɔvae atʹrutʃvanne]

Ça fait mal ici.
Баліць вось тут.
[baʹlitsʲ vɔsʲ tut.]

Aidez-moi!
Дапамажыце!
[dapamaʹʒitse!]

Je suis ici!
Я тут!
[ʲa tut!]

Nous sommes ici!
Мы тут!
[mɨ tut!]

Sortez-moi d'ici!
Выцягніце мяне!
[vitsʲaɦnitse mʲaʹne!]

J'ai besoin d'un docteur.
Мне патрэбны доктар.
[mne paʹtrɛbnɨ ʹdɔktar.]

Je ne peux pas bouger!
Я не магу рухацца.
[ʲa ne maʹɦu ʹruhatsa.]

Je ne peux pas bouger mes jambes.
Я не адчуваю ног.
[ʲa ne attʃuʹvaʉ nɔɦ.]

Je suis blessé /blessée/
Я паранены /параненa/.
[ʲa paʹranenɨ /paʹranena/.]

Est-ce que c'est sérieux?
Гэта сур'ёзна?
[ɦɛta suʹrʲʲozna?]

Mes papiers sont dans ma poche.
Мае дакументы ў кішэні.
[maʹe dakuʹmentɨ w kiʹʃɛni.]

Calmez-vous!
Супакойцеся!
[supaʹkɔjtsesʲa!]

Puis-je utiliser votre téléphone?
Магу я пазваніць?
[maʹɦu ʲa pazvaʹnitsʲ?]

Appelez une ambulance!
Выклікайце хуткую падамогу!
[viklikajtse ʹhutkuʉ padaʹmɔɦu!]

C'est urgent!
Гэта неадкладна!
[ɦɛta neatʹkladna!]

C'est une urgence!
Гэта вельмі неадкладна!
[ɦɛta ʹvelʲmi neatʹkladna!]

Dépêchez-vous, s'il vous plaît!
Калі ласка, хутчэй!
[kaʹli ʹlaska, huʹtʃɛj!]

Appelez le docteur, s'il vous plaît.
Выклікайце доктара, калі ласка!
[viklikajtse dɔktara, kaʹli ʹlaska!]

Où est l'hôpital?
Скажыце, дзе бальніца?
[skaʹʒitse, dze baljʹnitsa?]

Comment vous sentez-vous?
Як вы сябе адчуваеце?
[ʲak vi sʲaʹbe attʃuʹvaetse?]

Est-ce que ça va?
З вамі ўсё ў парадку?
[z ʹvami wsʲo w paʹratku?]

Qu'est-il arrivé?
Что здарылася?
[tʃto ʹzdarilasʲa?]

Je me sens mieux maintenant.

Мне ўжо лепш.
[mne wʒɔ lepʃ.]

Ça va. Tout va bien.

Ўсё ў парадку.
[wsʲo w paˈratku.]

Ça va.

Усё добра.
[wsʲo ˈdɔbra.]

À la pharmacie

pharmacie	аптэка
	[ap'tɛka]
pharmacie 24 heures	кругласутачная аптэка
	[kruɦla'sutatʃnaʲa ap'tɛka]
Où se trouve la pharmacie la plus proche?	Дзе бліжэйшая аптэка?
	[dze bli'ʒɛjʃaʲa ap'tɛka?]
Est-elle ouverte en ce moment?	Яна зараз адчынена?
	[ʲa'na 'zaraz at'tʃinena?]
À quelle heure ouvre-t-elle?	А якой гадзіне яна адчыняецца?
	[a ʲʲakɔj ɦa'dzine ʲʲana attʃiʲnʲaetsa?]
à quelle heure ferme-t-elle?	Да якой гадзіны яна працуе?
	[da ʲa'kɔj ɦa'dzinɨ ʲa'na pra'tsue?]
C'est loin?	Гэта далёка?
	[ɦɛta da'lʲoka?]
Est-ce que je peux y aller à pied?	Я дайду туды пешшу?
	[ʲa daj'du tu'dɨ 'peʃu?]
Pouvez-vous me le montrer sur la carte?	Пакажыце мне на карце, калі ласка.
	[paka'ʒɨtse mne na kartse, ka'li 'laska.]
Pouvez-vous me donner quelque chose contre …	Дайце мне чаго-небудзь ад …
	[dajtse mne tʃaɦo 'nebutsʲ at …]
le mal de tête	галаўнога болю
	[ɦalaw'noɦa 'bolʉ]
la toux	кашлю
	[kaʃlʉ]
le rhume	прастуды
	[pra'studɨ]
la grippe	грыпу
	[ɦrɨpu]
la fièvre	тэмпературы
	[tɛmpera'turɨ]
un mal d'estomac	болю ў страўніку
	[bolʉ w 'strawniku]
la nausée	млоснасці
	[mlɔsnasʲtsi]
la diarrhée	дыярэі
	[dɨʲa'rɛi]
la constipation	запору
	[za'pɔru]
un mal de dos	боль у спіне
	[bɔlʲ u spine]

les douleurs de poitrine	**боль у грудзях** [bolʲ u ɦru'dzʲah]
les points de côté	**боль у баку** [bolʲ u ba'ku]
les douleurs abdominales	**боль у жываце** [bolʲ u ʒivatse]

une pilule	**таблетка** [tab'letka]
un onguent, une crème	**мазь, крэм** [mazʲ, krɛm]
un sirop	**сіроп** [si'rɔp]
un spray	**спрэй** [sprɛj]
les gouttes	**кроплі** [krɔpli]

Vous devez allez à l'hôpital.	**Вам патрэбна ў бальніцу.** [vam pa'trɛbna w balʲnitsu.]
assurance maladie	**страхоўка** [stra'hɔwka]
prescription	**рэцэпт** [rɛ'tsɛpt]
produit anti-insecte	**сродак ад насякомых** [srɔdak ad nasʲa'kɔmɨh]
bandages adhésifs	**лейкапластыр** [lejka'plastɨr]

Les essentiels

Excusez-moi, … | **Прабачце, …**
[pra'batʃse, …]

Bonjour | **Прывітанне.**
[privi'tanne.]

Merci | **Дзякуй.**
[dzʲakuj.]

Au revoir | **Да пабачэння.**
[da paba'tʃɛnnʲa.]

Oui | **Так.**
[tak.]

Non | **Не.**
[ne.]

Je ne sais pas. | **Я ня ведаю.**
[ʲa nʲa 'vedaʉ.]

Où? | Où? | Quand? | **Дзе? | Куды? | Калі?**
[dze? | ku'di? | ka'li?]

J'ai besoin de … | **Мне трэба …**
[mne 'trɛba …]

Je veux … | **Я хачу …**
[ʲa ha'tʃu …]

Avez-vous … ? | **У вас ёсць …?**
[u vas ʲostsʲ …?]

Est-ce qu'il y a … ici? | **Тут ёсць …?**
[tut ʲostsʲ …?]

Puis-je … ? | **Я магу …?**
[ʲa ma'hu …?]

s'il vous plaît (pour une demande) | **Калі ласка**
[ka'li 'laska]

Je cherche … | **Я шукаю …**
[ʲa ʃu'kaʉ …]

les toilettes | **туалет**
[tua'let]

un distributeur | **банкамат**
[banka'mat]

une pharmacie | **аптэку**
[ap'tɛku]

l'hôpital | **бальніцу**
[balj'nitsu]

le commissariat de police | **аддзяленне міліцыі**
[adzʲa'lenne mi'litsii]

une station de métro | **метро**
[me'trɔ]

un taxi	**таксі** [tak'si]
la gare	**вакзал** [vak'zal]
Je m'appelle …	**Мяне завуць …** [mʲa'ne za'vutsʲ …]
Comment vous appelez-vous?	**Як вас завуць?** [ʲak vas za'vutsʲ?]
Aidez-moi, s'il vous plaît.	**Дапамажыце мне, калі ласка.** [dapama'ʒɨtse mne, ka'li 'laska?]
J'ai un problème.	**У мяне праблема.** [u mʲa'ne prab'lema.]
Je ne me sens pas bien.	**Мне дрэнна.** [mne 'drɛnna.]
Appelez une ambulance!	**Выклікайце хуткую дапамогу!** [vɨklikajtse 'hutkuʉ dapa'moɦu!]
Puis-je faire un appel?	**Магу я пазваніць?** [ma'ɦu ʲa pazva'nitsʲ?]
Excusez-moi.	**Выбачце.** [vɨbatʃtse.]
Je vous en prie.	**Калі ласка.** [ka'li 'laska.]
je, moi	**я** [ʲa]
tu, toi	**ты** [tɨ]
il	**ён** [ʲon]
elle	**яна** [ʲa'na]
ils	**яны** [ʲa'nɨ]
elles	**яны** [ʲa'nɨ]
nous	**мы** [mɨ]
vous	**вы** [vɨ]
Vous	**вы** [vɨ]
ENTRÉE	**УВАХОД** [uva'hɔd]
SORTIE	**ВЫХАД** [vɨhad]
HORS SERVICE	EN PANNE	**НЕ ПРАЦУЕ** [ne pra'tsue]
FERMÉ	**ЗАЧЫНЕНА** [za'tʃinena]

OUVERT	**АДЧЫНЕНА** [atˈʧɨnena]
POUR LES FEMMES	**ДЛЯ ЖАНЧЫН** [dlʲa ʒanˈʧɨn]
POUR LES HOMMES	**ДЛЯ МУЖЧЫН** [dlʲa muʒˈʧɨn]

T&P BOOKS

VOCABULAIRE THÉMATIQUE

Cette section contient plus de 3000 des mots les plus importants. Le dictionnaire sera d'une aide indispensable lors de voyages à l'étranger puisque les mots individuels sont souvent assez pour être compris. Le dictionnaire comprend une transcription utile de chaque mot

T&P Books Publishing

CONTENU DU DICTIONNAIRE

T&P Books Publishing

CONCEPTS DE BASE

T&P Books Publishing

1. Les pronoms

je	я	[ˈ	a]
tu	ты	[tʲ]
il	ён	[ˈ	on]
elle	яна	[ˈ	aˈna]
ça	яно	[ˈ	aˈnɔ]
nous	мы	[ˈmɨ]
vous	вы	[ˈvɨ]
ils, elles	яны	[ˈ	aˈnɨ]

2. Adresser des vœux. Se dire bonjour

Bonjour! (fam.)	Вітаю!	[viˈtau]
Bonjour! (form.)	Вітаю вас!	[viˈtau vas]
Bonjour! (le matin)	Добрай раніцы!	[dɔbraj ˈranitsi]
Bonjour! (après-midi)	Добры дзень!	[dɔbri ˈdzenʲ]
Bonsoir!	Добры вечар!	[dɔbri ˈvetʃar]
dire bonjour	вітацца	[viˈtatsa]
Salut!	Прывітанне!	[priviˈtanne]
salut (m)	прывітанне (н)	[priviˈtanne]
saluer (vt)	вітаць	[viˈtatsʲ]
Comment ça va?	Як маецеся?	[ˈ|ak ˈmaetsesʲa]
Quoi de neuf?	Што новага?	[ʃtɔ ˈnɔvaɦa]
Au revoir!	Да пабачэння!	[da pabaˈtʃɛnnʲa]
Au revoir! (form.)	Да пабачэння!	[da pabaˈtʃɛnnʲa]
Au revoir! (fam.)	Бывай!	[biˈvaj]
À bientôt!	Да хуткай сустрэчы!	[da ˈhutkaj susˈtrɛtʃi]
Adieu! (fam.)	Бывай!	[biˈvaj]
Adieu! (form.)	Бывайце!	[biˈvajtse]
dire au revoir	развітвацца	[razʲˈvitvatsa]
Salut! (À bientôt!)	Пакуль!	[paˈkulʲ]
Merci!	Дзякуй!	[ˈdzʲakuj]
Merci beaucoup!	Вялікі дзякуй!	[vʲaˈliki ˈdzʲakuj]
Je vous en prie	Калі ласка.	[kaˈli ˈlaska]
Il n'y a pas de quoi	Не варта падзякі	[nʲa ˈvarta paˈdzʲaki]
Pas de quoi	Няма за што.	[nʲaˈma za ˈʃtɔ]
Excuse-moi!	Прабач!	[praˈbatʃ]
Excusez-moi!	Прабачце!	[praˈbatʃtse]

excuser (vt)	прабачаць	[praba'tʃatsʲ]
s'excuser (vp)	прасіць прабачэння	[pra'sitsʲ praba'tʃɛnnʲa]
Mes excuses	Прашу прабачэння	[pra'ʃu praba'tʃɛnnʲa]
Pardonnez-moi!	Выбачайце!	[vɨba'tʃajtse]
pardonner (vt)	выбачаць	[vɨba'tʃatsʲ]
C'est pas grave	Нічога страшнага.	[ni'tʃoɣa 'straʃnaɣa]
s'il vous plaît	калі ласка	[ka'li 'laska]
N'oubliez pas!	Не забудзьце!	[ne za'butsʲe]
Bien sûr!	Вядома!	[vʲa'doma]
Bien sûr que non!	Вядома, не!	[vʲa'doma, 'ne]
D'accord!	Згодзен!	['zɣodzen]
Ça suffit!	Хопіць!	['hopitsʲ]

3. Les questions

Qui?	Хто?	['hto]
Quoi?	Што?	['ʃto]
Où? (~ es-tu?)	Дзе?	['dze]
Où? (~ vas-tu?)	Куды?	[ku'dɨ]
D'où?	Адкуль?	[at'kulʲ]
Quand?	Калі?	[ka'li]
Pourquoi? (~ es-tu venu?)	Навошта?	[na'voʃta]
Pourquoi? (~ t'es pâle?)	Чаму?	[tʃa'mu]
À quoi bon?	Для чаго?	[dlʲa tʃa'ɦo]
Comment?	Як?	['ʲak]
Quel? (à ~ prix?)	Які?	[ʲa'ki]
Lequel?	Каторы?	[ka'torɨ]
À qui? (pour qui?)	Каму?	[ka'mu]
De qui?	Пра каго?	[pra ka'ɦo]
De quoi?	Пра што?	[pra 'ʃto]
Avec qui?	З кім?	[s kim]
Combien?	Колькі?	['kolʲki]
À qui? (~ est ce livre?)	Чый?	['tʃɨj]
À qui? (objets, pl)	Чые?	[tʃɨe?]

4. Les prépositions

avec (~ toi)	з	[z]
sans (~ sucre)	без	['bes]
à (aller ~ …)	у	[u]
de (au sujet de)	аб	[ap]
avant (~ midi)	перад	['perat]
devant (~ la maison)	перад …	['perat …]
sous (~ la commode)	пад	['pat]

au-dessus de …	над	['nat]
sur (dessus)	на	[na]
de (venir ~ Paris)	з	[z]
en (en bois, etc.)	з	[z]

| dans (~ deux heures) | праз | ['pras] |
| par dessus | праз | ['pras] |

5. Les mots-outils. Les adverbes. Partie 1

Où? (~ es-tu?)	Дзе?	['dze]
ici (c'est ~)	тут	['tut]
là-bas (c'est ~)	там	['tam]

| quelque part (être) | дзесьці | ['dzesʲtsi] |
| nulle part (adv) | нідзе | [ni'dze] |

| près de … | ля … | [lʲa …] |
| près de la fenêtre | ля акна | [lʲa ak'na] |

Où? (~ vas-tu?)	Куды?	[ku'dɨ]
ici (Venez ~)	сюды	[sʉ'dɨ]
là-bas (j'irai ~)	туды	[tu'dɨ]
d'ici (adv)	адсюль	[a'tsʉlʲ]
de là-bas (adv)	адтуль	[at'tulʲ]

| près (pas loin) | блізка | ['bliska] |
| loin (adv) | далёка | [da'lʲoka] |

près de (~ Paris)	каля	[ka'lʲa]
tout près (adv)	побач	['pobatʃ]
pas loin (adv)	недалёка	[neda'lʲoka]

gauche (adj)	левы	['levi]
à gauche (être ~)	злева	['zleva]
à gauche (tournez ~)	налева	[na'leva]

droit (adj)	правы	['pravi]
à droite (être ~)	справа	['sprava]
à droite (tournez ~)	направа	[na'prava]

devant (adv)	спераду	['speradu]
de devant (adj)	пярэдні	[pʲa'rɛdni]
en avant (adv)	наперад	[na'perat]

derrière (adv)	ззаду	['zzadu]
par derrière (adv)	ззаду	['zzadu]
en arrière (regarder ~)	назад	[na'zat]
milieu (m)	сярэдзіна (ж)	[sʲa'rɛdzina]
au milieu (adv)	пасярэдзіне	[pasʲa'rɛdzine]

de côté (vue ~)	збоку	['zbɔku]
partout (adv)	усюды	[u'sʉdi]
autour (adv)	навакол	[nava'kɔl]
de l'intérieur	знутры	[znu'tri]
quelque part (aller)	кудысьці	[ku'disʲtsi]
tout droit (adv)	наўпрост	[naw'prɔst]
en arrière (revenir ~)	назад	[na'zat]
de quelque part (n'import d'où)	адкуль-небудзь	[at'kulʲ 'nebutsʲ]
de quelque part (on ne sait pas d'où)	аднекуль	[ad'nekulʲ]
premièrement (adv)	па-першае	[pa 'perʃae]
deuxièmement (adv)	па-другое	[pa dru'ɦɔe]
troisièmement (adv)	па-трэцяе	[pa 'trɛtsʲae]
soudain (adv)	раптам	['raptam]
au début (adv)	напачатку	[napa'tʃatku]
pour la première fois	упершыню	[uperʃi'nʉ]
bien avant …	задоўга да …	[za'dɔwɦa da …]
de nouveau (adv)	нанава	['nanava]
pour toujours (adv)	назусім	[nazu'sim]
jamais (adv)	ніколі	[ni'kɔli]
de nouveau, encore (adv)	зноўку	['znɔwku]
maintenant (adv)	цяпер	[tsʲa'per]
souvent (adv)	часта	['tʃasta]
alors (adv)	тады	[ta'di]
d'urgence (adv)	тэрмінова	[tɛrmi'nɔva]
d'habitude (adv)	звычайна	[zvi'tʃajna]
à propos, …	дарэчы, …	[da'rɛtʃi, …]
c'est possible	магчыма	[maɦ'tʃima]
probablement (adv)	напэўна	[na'pɛwna]
peut-être (adv)	мабыць	['mabitsʲ]
en plus, …	акрамя таго, …	[akra'mʲa ta'ɦɔ, …]
c'est pourquoi …	таму …	[ta'mu …]
malgré …	нягледзячы на …	[nʲaɦ'ledzʲatʃi na …]
grâce à …	дзякуючы …	['dzʲakuʉtʃi …]
quoi (pron)	што	['ʃtɔ]
que (conj)	што	['ʃtɔ]
quelque chose (Il m'est arrivé ~)	нешта	['neʃta]
quelque chose (peut-on faire ~)	што-небудзь	[ʃtɔ'nebutsʲ]
rien (m)	нічога	[ni'tʃɔɦa]
qui (pron)	хто	['htɔ]
quelqu'un (on ne sait pas qui)	хтосьці	['htɔsʲtsi]

quelqu'un (n'importe qui)	хто-небудзь	[htɔ'nɛbutsʲ]
personne (pron)	ніхто	[nih'tɔ]
nulle part (aller ~)	нікуды	[ni'kudɨ]
de personne	нічый	[ni'tʃɨj]
de n'importe qui	чый-небудзь	[tʃɨj'nɛbutsʲ]

comme ça (adv)	так	['tak]
également (adv)	таксама	[tak'sama]
aussi (adv)	таксама	[tak'sama]

6. Les mots-outils. Les adverbes. Partie 2

Pourquoi?	Чаму?	[tʃa'mu]
pour une certaine raison	чамусьці	[tʃa'musʲtsi]
parce que …	бо …	[bɔ …]
pour une raison quelconque	наштосьці	[naʃ'tɔsʲtsi]

et (conj)	і	[i]
ou (conj)	або	[a'bɔ]
mais (conj)	але	[a'le]
pour … (prep)	для	['dlʲa]

trop (adv)	занадта	[za'natta]
seulement (adv)	толькі	['tɔlʲki]
précisément (adv)	дакладна	[da'kladna]
près de … (prep)	каля	[ka'lʲa]

approximativement	прыблізна	[prɨb'lizna]
approximatif (adj)	прыблізны	[prɨb'liznɨ]
presque (adv)	амаль	[a'malʲ]
reste (m)	астатняе (н)	[as'tatnʲae]

l'autre (adj)	другі	[dru'ɦi]
autre (adj)	другі, іншы	[dru'ɦi, in'ʃɨ]
chaque (adj)	кожны	['kɔʒnɨ]
n'importe quel (adj)	любы	[lʉ'bɨ]
beaucoup (adv)	шмат	['ʃmat]
plusieurs (pron)	многія	['mnɔɦiʲa]
tous	усе	[u'se]

en échange de …	у абмен на …	[u ab'men na …]
en échange (adv)	наўзамен	[nawza'men]
à la main (adv)	уручную	[urutʃ'nuʉ]
peu probable (adj)	наўрад ці	[naw'ratsi]

probablement (adv)	пэўна	['pɛwna]
exprès (adv)	знарок	[zna'rɔk]
par accident (adv)	выпадкова	[vɨpat'kɔva]
très (adv)	вельмі	['velʲmi]

par exemple (adv)	**напрыклад**	[na'priklat]
entre (prep)	**між**	['miʃ]
parmi (prep)	**сярод**	[sʲa'rɔt]
autant (adv)	**столькі**	['stɔlʲki]
surtout (adv)	**асабліва**	[asa'bliva]

NOMBRES. DIVERS

T&P Books Publishing

zéro	нуль (м)	['nulʲ]
un	адзін	[a'dzin]
deux	два	['dva]
trois	тры	['tri]
quatre	чатыры	[ʧa'tiri]
cinq	пяць	['pʲatsʲ]
six	шэсць	['ʃɛstsʲ]
sept	сем	['sem]
huit	восем	['vɔsem]
neuf	дзевяць	['dzevʲatsʲ]
dix	дзесяць	['dzesʲatsʲ]
onze	адзінаццаць	[adzi'natsatsʲ]
douze	дванаццаць	[dva'natsatsʲ]
treize	трынаццаць	[tri'natsatsʲ]
quatorze	чатырнаццаць	[ʧatir'natsatsʲ]
quinze	пятнаццаць	[pʲat'natsatsʲ]
seize	шаснаццаць	[ʃas'natsatsʲ]
dix-sept	семнаццаць	[sʲam'natsatsʲ]
dix-huit	васемнаццаць	[vasʲam'natsatsʲ]
dix-neuf	дзевятнаццаць	[dzevʲat'natsatsʲ]
vingt	дваццаць	['dvatsatsʲ]
vingt et un	дваццаць адзін	[dvatsatsʲ a'dzin]
vingt-deux	дваццаць два	[dvatsatsʲ 'dva]
vingt-trois	дваццаць тры	[dvatsatsʲ 'tri]
trente	трыццаць	['tritsatsʲ]
trente et un	трыццаць адзін	[tritsatsʲ a'dzin]
trente-deux	трыццаць два	[tritsatsʲ 'dva]
trente-trois	трыццаць тры	[tritsatsʲ 'tri]
quarante	сорак	['sɔrak]
quarante et un	сорак адзін	[sɔrak a'dzin]
quarante-deux	сорак два	[sɔrak 'dva]
quarante-trois	сорак тры	[sɔrak 'tri]
cinquante	пяцьдзесят	[pʲadzʲa'sʲat]
cinquante et un	пяцьдзесят адзін	[pʲadzʲa'sʲat a'dzin]
cinquante-deux	пяцьдзесят два	[pʲadzʲa'sʲat 'dva]
cinquante-trois	пяцьдзесят тры	[pʲadzʲa'sʲat 'tri]
soixante	шэсцьдзесят	['ʃɛzʲdzesʲat]

soixante et un	шэсцьдзесят адзін	[ʃɛzʲdzesʲat aˈdzin]
soixante-deux	шэсцьдзесят два	[ʃɛzʲdzesʲat ˈdva]
soixante-trois	шэсцьдзесят тры	[ʃɛzʲdzesʲat ˈtri]

soixante-dix	семдзесят	[ˈsemdzesʲat]
soixante et onze	семдзесят адзін	[semdzesʲat aˈdzin]
soixante-douze	семдзесят два	[semdzesʲat ˈdva]
soixante-treize	семдзесят тры	[semdzesʲat ˈtri]

quatre-vingts	восемдзесят	[ˈvɔsemdzesʲat]
quatre-vingt et un	восемдзесят адзін	[vɔsemdzesʲat aˈdzin]
quatre-vingt deux	восемдзесят два	[vɔsemdzesʲat ˈdva]
quatre-vingt trois	восемдзесят тры	[vɔsemdzesʲat ˈtri]

quatre-vingt-dix	дзевяноста	[dzevʲaˈnɔsta]
quatre-vingt et onze	дзевяноста адзін	[dzevʲaˈnɔsta aˈdzin]
quatre-vingt-douze	дзевяноста два	[dzevʲaˈnɔsta ˈdva]
quatre-vingt-treize	дзевяноста тры	[dzevʲaˈnɔsta ˈtri]

8. Les nombres cardinaux. Partie 2

cent	сто	[ˈstɔ]
deux cents	дзвесце	[dzjˈvesʲtse]
trois cents	трыста	[ˈtrista]
quatre cents	чатырыста	[tʃaˈtirista]
cinq cents	пяцьсот	[pʲatsˈsɔt]

six cents	шэсцьсот	[ʃɛsʲtsʲˈsɔt]
sept cents	семсот	[semˈsɔt]
huit cents	восемсот	[vɔsemˈsɔt]
neuf cents	дзевяцьсот	[dzevʲatsʲˈsɔt]

mille	тысяча	[ˈtisʲatʃa]
deux mille	дзве тысячы	[ˈdzʲve ˈtisʲatʃi]
trois mille	тры тысячы	[ˈtri ˈtisʲatʃi]
dix mille	дзесяць тысяч	[ˈdzesʲatsʲ ˈtisʲatʃ]
cent mille	сто тысяч	[ˈstɔ ˈtisʲatʃ]
million (m)	мільён (м)	[miˈljon]
milliard (m)	мільярд (м)	[miˈlʲart]

9. Les nombres ordinaux

premier (adj)	першы	[ˈperʃi]
deuxième (adj)	другі	[druˈhi]
troisième (adj)	трэці	[ˈtrɛtsi]
quatrième (adj)	чацвёрты	[tʃatsˈvʲorti]
cinquième (adj)	пяты	[ˈpʲati]
sixième (adj)	шосты	[ˈʃɔsti]

septième (adj)	сёмы	['sʲomɨ]
huitième (adj)	восьмы	['vosʲmɨ]
neuvième (adj)	дзевяты	[dzʲa'vʲatɨ]
dixième (adj)	дзесяты	[dzʲa'sʲatɨ]

T&P BOOKS

LES COULEURS.
LES UNITÉS DE MESURE

T&P Books Publishing

10. Les couleurs

couleur (f)	колер (м)	['kɔler]
teinte (f)	адценне (н)	[a'tsenne]
ton (m)	тон (м)	['tɔn]
arc-en-ciel (m)	вясёлка (ж)	[vʲa'sʲolka]
blanc (adj)	белы	['belʲi]
noir (adj)	чорны	['tʃɔrnʲi]
gris (adj)	шэры	['ʃɛri]
vert (adj)	зялёны	[zʲa'lʲoni]
jaune (adj)	жоўты	['ʒowti]
rouge (adj)	чырвоны	[tʃir'vɔnʲi]
bleu (adj)	сіні	['sinʲi]
bleu clair (adj)	блакітны	[bla'kitnʲi]
rose (adj)	ружовы	[ru'ʒɔvʲi]
orange (adj)	аранжавы	[a'ranʒavʲi]
violet (adj)	фіялетавы	[fiʲa'letavi]
brun (adj)	карычневы	[ka'ritʃnevʲi]
d'or (adj)	залаты	[zala'ti]
argenté (adj)	серабрысты	[sera'bristi]
beige (adj)	бэжавы	['bɛʒavʲi]
crème (adj)	крэмавы	['krɛmavi]
turquoise (adj)	бірузовы	[biru'zɔvi]
rouge cerise (adj)	вішнёвы	[viʃ'nʲovi]
lilas (adj)	ліловы	[li'lɔvi]
framboise (adj)	малінавы	[ma'linavi]
clair (adj)	светлы	['svetlʲi]
foncé (adj)	цёмны	['tsʲomni]
vif (adj)	яркі	['ʲarki]
de couleur (adj)	каляровы	[kalʲa'rɔvi]
en couleurs (adj)	каляровы	[kalʲa'rɔvi]
noir et blanc (adj)	чорна-белы	[tʃɔrna 'belʲi]
unicolore (adj)	аднакаляровы	[adnakalʲa'rɔvi]
multicolore (adj)	рознакаляровы	[rɔznakalʲa'rɔvi]

11. Les unités de mesure

poids (m)	вага (ж)	[va'ɦa]
longueur (f)	даўжыня (ж)	[dawʒi'nʲa]

largeur (f)	шырыня (ж)	[ʃɨri'nʲa]
hauteur (f)	вышыня (ж)	[vɨʃɨ'nʲa]
profondeur (f)	глыбіня (ж)	[hlɨbi'nʲa]
volume (m)	аб'ём (m)	[a'bʲom]
aire (f)	плошча (ж)	['ploʃɕa]
gramme (m)	грам (m)	['ɦram]
milligramme (m)	міліграм (m)	[mili'ɦram]
kilogramme (m)	кілаграм (m)	[kila'ɦram]
tonne (f)	тона (ж)	['tɔna]
livre (f)	фунт (m)	['funt]
once (f)	унцыя (ж)	['untsɨʲa]
mètre (m)	метр (m)	['metr]
millimètre (m)	міліметр (m)	[mili'metr]
centimètre (m)	сантыметр (m)	[santɨ'metr]
kilomètre (m)	кіламетр (m)	[kila'metr]
mille (m)	міля (ж)	['milʲa]
pouce (m)	цаля (ж)	['tsalʲa]
pied (m)	фут (m)	['fut]
yard (m)	ярд (m)	[ʲart]
mètre (m) carré	квадратны метр (m)	[kvad'ratnɨ 'metr]
hectare (m)	гектар (m)	[ɦek'tar]
litre (m)	літр (m)	['litr]
degré (m)	градус (m)	['ɦradus]
volt (m)	вольт (m)	['vɔlʲt]
ampère (m)	ампер (m)	[am'per]
cheval-vapeur (m)	конская сіла (ж)	[kɔnskaʲa 'sila]
quantité (f)	колькасць (ж)	['kɔlʲkastsʲ]
un peu de …	нямнога …	[nʲam'noɦa …]
moitié (f)	палова (ж)	[pa'lova]
douzaine (f)	тузін (m)	['tuzin]
pièce (f)	штука (ж)	['ʃtuka]
dimension (f)	памер (m)	[pa'mer]
échelle (f) (de la carte)	маштаб (m)	[maʃ'tap]
minimal (adj)	мінімальны	[mini'malʲnɨ]
le plus petit (adj)	найменшы	[naj'menʃɨ]
moyen (adj)	сярэдні	[sʲa'rɛdni]
maximal (adj)	максімальны	[maksi'malʲnɨ]
le plus grand (adj)	найбольшы	[naj'bɔlʲʃɨ]

12. Les récipients

bocal (m) en verre	слоік (m)	['slɔik]
boîte, canette (f)	бляшанка (ж)	[blʲa'ʃanka]

seau (m)	вядро (н)	[vʲa'drɔ]
tonneau (m)	бочка (ж)	['bɔtʃka]
bassine, cuvette (f)	таз (м)	['tas]
cuve (f)	бак (м)	['bak]
flasque (f)	біклажка (ж)	[bik'laʃka]
jerrican (m)	каністра (ж)	[ka'nistra]
citerne (f)	цыстэрна (ж)	[tsis'tɛrna]
tasse (f), mug (m)	кубак (м)	['kubak]
tasse (f)	кубак (м)	['kubak]
soucoupe (f)	сподак (м)	['spɔdak]
verre (m) (~ d'eau)	шклянка (ж)	['ʃklʲanka]
verre (m) à vin	келіх (м)	['kelih]
faitout (m)	рондаль (м)	['rɔndalʲ]
bouteille (f)	бутэлька (ж)	[bu'tɛlʲka]
goulot (m)	рыльца (н)	['rilʲtsa]
carafe (f)	графін (м)	[ɦra'fin]
pichet (m)	збан (м)	['zban]
récipient (m)	пасудзіна (ж)	[pa'sudzina]
pot (m)	гаршчок (м)	[ɦarʃ'tʃɔk]
vase (m)	ваза (ж)	['vaza]
flacon (m)	флакон (м)	[fla'kɔn]
fiole (f)	бутэлечка (ж)	[bu'tɛletʃka]
tube (m)	цюбік (м)	['tsʉbik]
sac (m) (grand ~)	мяшок (м)	[mʲa'ʃɔk]
sac (m) (~ en plastique)	пакет (м)	[pa'ket]
paquet (m) (~ de cigarettes)	пачак (м)	['patʃak]
boîte (f)	каробка (ж)	[ka'rɔpka]
caisse (f)	скрынка (ж)	['skrinka]
panier (m)	кош (м)	['kɔʃ]

LES VERBES
LES PLUS IMPORTANTS

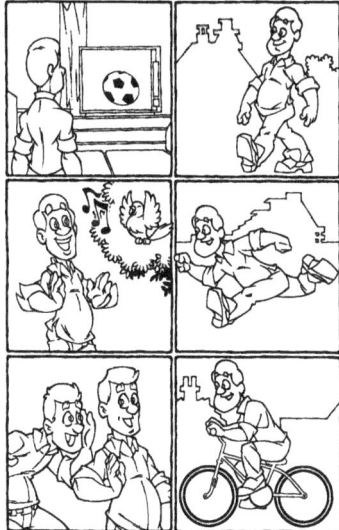

T&P Books Publishing

aider (vt)	дапамагаць	[dapama'ɦatsʲ]
aimer (qn)	кахаць	[ka'ɦatsʲ]
aller (à pied)	ісці	[is'tsi]
apercevoir (vt)	заўважаць	[zawva'ʒatsʲ]
appartenir à ...	належаць	[na'leʒatsʲ]
appeler (au secours)	клікаць	['klikatsʲ]
attendre (vt)	чакаць	[tʃa'katsʲ]
attraper (vt)	лавіць	[la'vitsʲ]
avertir (vt)	папярэджваць	[papʲa'rɛdʒvatsʲ]
avoir (vt)	мець	['metsʲ]
avoir confiance	давяраць	[davʲa'ratsʲ]
avoir faim	хацець есці	[ha'tsetsʲ 'esʲtsi]
avoir peur	баяцца	[ba'ʲatsa]
avoir soif	хацець піць	[ha'tsetsʲ 'pitsʲ]
cacher (vt)	хаваць	[ha'vatsʲ]
casser (briser)	ламаць	[la'matsʲ]
cesser (vt)	спыняць	[spɨ'nʲatsʲ]
changer (vt)	змяніць	[zmʲa'nitsʲ]
chasser (animaux)	паляваць	[palʲa'vatsʲ]
chercher (vt)	шукаць ...	[ʃu'katsʲ ...]
choisir (vt)	выбіраць	[vɨbi'ratsʲ]
commander (~ le menu)	заказваць	[za'kazvatsʲ]
commencer (vt)	пачынаць	[patʃɨ'natsʲ]
comparer (vt)	параўноўваць	[paraw'nowvatsʲ]
comprendre (vt)	разумець	[razu'metsʲ]
compter (dénombrer)	лічыць	[li'tʃɨtsʲ]
compter sur ...	разлічваць на ...	[raz'litʃvatsʲ na ...]
confondre (vt)	блытаць	['blɨtatsʲ]
connaître (qn)	ведаць	['vedatsʲ]
conseiller (vt)	раіць	['raitsʲ]
continuer (vt)	працягваць	[pra'tsʲaɦvatsʲ]
contrôler (vt)	кантраляваць	[kantralʲa'vatsʲ]
courir (vi)	бегчы	['beɦtʃɨ]
coûter (vt)	каштаваць	[kaʃta'vatsʲ]
créer (vt)	ствáрыць	[stva'rɨtsʲ]
creuser (vt)	капаць	[ka'patsʲ]
crier (vi)	крычаць	[krɨ'tʃatsʲ]

14. Les verbes les plus importants. Partie 2

décorer (~ la maison)	упрыгожваць	[uprɨ'ɦɔʒvatsʲ]
défendre (vt)	абараняць	[abara'nʲatsʲ]
déjeuner (vi)	абедаць	[a'bedatsʲ]
demander (~ l'heure)	пытаць	[pɨ'tatsʲ]
demander (de faire qch)	прасіць	[pra'sitsʲ]
descendre (vi)	спускацца	[spu'skatsa]
deviner (vt)	адгадаць	[adɦa'datsʲ]
dîner (vi)	вячэраць	[vʲa'tʃɛratsʲ]
dire (vt)	сказаць	[ska'zatsʲ]
diriger (~ une usine)	кіраваць	[kira'vatsʲ]
discuter (vt)	абмяркоўваць	[abmʲar'kɔwvatsʲ]
donner (vt)	даваць	[da'vatsʲ]
donner un indice	падказаць	[patka'zatsʲ]
douter (vt)	сумнявацца	[sumnʲa'vatsa]
écrire (vt)	пісаць	[pi'satsʲ]
entendre (bruit, etc.)	чуць	['tʃutsʲ]
entrer (vi)	увахолзіць	[uva'hɔdzitsʲ]
envoyer (vt)	адпраўляць	[atpraw'lʲatsʲ]
espérer (vi)	спадзявацца	[spadzʲa'vatsa]
essayer (vt)	спрабаваць	[spraba'vatsʲ]
être (vi)	быць	['bɨtsʲ]
être d'accord	згаджацца	[zɦa'dʒatsa]
être nécessaire	патрабавацца	[patraba'vatsa]
être pressé	спяшацца	[spʲa'ʃatsa]
étudier (vt)	вывучаць	[vɨvu'tʃatsʲ]
excuser (vt)	прабачаць	[praba'tʃatsʲ]
exiger (vt)	патрабаваць	[patraba'vatsʲ]
exister (vi)	існаваць	[isna'vatsʲ]
expliquer (vt)	тлумачыць	[tlu'matʃɨtsʲ]
faire (vt)	рабіць	[ra'bitsʲ]
faire tomber	упускаць	[upus'katsʲ]
finir (vt)	заканчваць	[za'kantʃvatsʲ]
garder (conserver)	захоўваць	[za'hɔwvatsʲ]
gronder, réprimander (vt)	лаяць	['laʲatsʲ]
informer (vt)	інфармаваць	[infarma'vatsʲ]
insister (vi)	настойваць	[na'stɔjvatsʲ]
insulter (vt)	абражаць	[abra'ʒatsʲ]
inviter (vt)	запрашаць	[zapra'ʃatsʲ]
jouer (s'amuser)	гуляць	[ɦu'lʲatsʲ]

15. Les verbes les plus importants. Partie 3

libérer (ville, etc.)	вызваляць	[vizva'lʲatsʲ]
lire (vi, vt)	чытаць	[tʃi'tatsʲ]
louer (prendre en location)	наймаць	[naj'matsʲ]
manquer (l'école)	прапускаць	[prapus'katsʲ]
menacer (vt)	пагражаць	[paɦra'ʒatsʲ]
mentionner (vt)	згадваць	['zɦadvatsʲ]
montrer (vt)	паказваць	[pa'kazvatsʲ]
nager (vi)	плаваць	['plavatsʲ]
objecter (vt)	пярэчыць	[pʲa'rɛtʃitsʲ]
observer (vt)	назіраць	[nazi'ratsʲ]
ordonner (mil.)	загадваць	[za'ɦadvatsʲ]
oublier (vt)	забываць	[zabi'vatsʲ]
ouvrir (vt)	адчыняць	[atʃi'nʲatsʲ]
pardonner (vt)	выбачаць	[viba'tʃatsʲ]
parler (vi, vt)	гаварыць	[ɦava'ritsʲ]
participer à …	удзельнічаць	[u'dzelʲnitʃatsʲ]
payer (régler)	плаціць	[pla'tsitsʲ]
penser (vi, vt)	думаць	['dumatsʲ]
permettre (vt)	дазваляць	[dazva'lʲatsʲ]
plaire (être apprécié)	падабацца	[pada'batsa]
plaisanter (vi)	жартаваць	[ʒarta'vatsʲ]
planifier (vt)	планаваць	[plana'vatsʲ]
pleurer (vi)	плакаць	['plakatsʲ]
posséder (vt)	валодаць	[va'lɔdatsʲ]
pouvoir (v aux)	магчы	[maɦ'tʃi]
préférer (vt)	аддаваць перавагу	[adda'vatsʲ pera'vaɦu]
prendre (vt)	браць	['bratsʲ]
prendre en note	запісваць	[za'pisvatsʲ]
prendre le petit déjeuner	снедаць	['snedatsʲ]
préparer (le dîner)	гатаваць	[ɦata'vatsʲ]
prévoir (vt)	прадбачыць	[prad'batʃitsʲ]
prier (~ Dieu)	маліцца	[ma'litsa]
promettre (vt)	абяцаць	[abʲa'tsatsʲ]
prononcer (vt)	вымаўляць	[vimaw'lʲatsʲ]
proposer (vt)	прапаноўваць	[prapa'nɔwvatsʲ]
punir (vt)	караць	[ka'ratsʲ]

16. Les verbes les plus importants. Partie 4

recommander (vt)	рэкамендаваць	[rɛkamenda'vatsʲ]
regretter (vt)	шкадаваць	[ʃkada'vatsʲ]

répéter (dire encore)	паўтараць	[pawta'ratsʲ]
répondre (vi, vt)	адказваць	[at'kazvatsʲ]
réserver (une chambre)	рэзервaваць	[rɛzerva'vatsʲ]
rester silencieux	маўчаць	[maw'tʃatsʲ]
réunir (regrouper)	аб'яднoўваць	[abˀʲad'nɔwvatsʲ]
rire (vi)	смяяцца	[smæˈʲatsa]
s'arrêter (vp)	спыняцца	[spiˈnʲatsa]
s'asseoir (vp)	садзіцца	[sa'dzitsa]
sauver (la vie à qn)	ратаваць	[rata'vatsʲ]
savoir (qch)	ведаць	['vedatsʲ]
se baigner (vp)	купацца	[ku'patsa]
se plaindre (vp)	скардзіцца	['skardzitsa]
se refuser (vp)	адмаўляцца	[admaw'lʲatsa]
se tromper (vp)	памыляцца	[pami'lʲatsa]
se vanter (vp)	выхваляцца	[vihva'lʲatsa]
s'étonner (vp)	здзіўляцца	[zʲdziw'lʲatsa]
s'excuser (vp)	прасіць прабачэння	[pra'sitsʲ praba'tʃɛnnʲa]
signer (vt)	падпісваць	[pat'pisvatsʲ]
signifier (vt)	азначаць	[azna'tʃatsʲ]
s'intéresser (vp)	цікавіцца …	[tsi'kavitsa …]
sortir (aller dehors)	выходзіць	[vi'hɔdzitsʲ]
sourire (vi)	усміхацца	[usmi'hatsa]
sous-estimer (vt)	недаацэньваць	[nedaa'tsɛnʲvatsʲ]
suivre … (suivez-moi)	накіроўвацца …	[naki'rɔwvatsa …]
tirer (vi)	страляць	[stra'lʲatsʲ]
tomber (vi)	падаць	['padatsʲ]
toucher (avec les mains)	кранаць	[kra'natsʲ]
tourner (~ à gauche)	паварочваць	[pava'rɔtʃvatsʲ]
traduire (vt)	перакладаць	[perakla'datsʲ]
travailler (vi)	працаваць	[pratsa'vatsʲ]
tromper (vt)	падманваць	[pad'manvatsʲ]
trouver (vt)	знаходзіць	[zna'hɔdzitsʲ]
tuer (vt)	забіваць	[zabi'vatsʲ]
vendre (vt)	прадаваць	[prada'vatsʲ]
venir (vi)	прыяздджаць	[priʲaʒ'dʒatsʲ]
voir (vt)	бачыць	['batʃitsʲ]
voler (avion, oiseau)	ляцець	[lʲa'tsetsʲ]
voler (qch à qn)	красці	['krasʲtsi]
vouloir (vt)	хацець	[ha'tsetsʲ]

LA NOTION DE TEMPS.
LE CALENDRIER

T&P Books Publishing

17. Les jours de la semaine

lundi (m)	панядзелак (м)	[panⁱa'dzelak]
mardi (m)	аўторак (м)	[aw'tɔrak]
mercredi (m)	серада (ж)	[sera'da]
jeudi (m)	чацвер (м)	[tʃaʦ'ver]
vendredi (m)	пятніца (ж)	['pⁱatnitsa]
samedi (m)	субота (ж)	[su'bɔta]
dimanche (m)	нядзеля (ж)	[nⁱa'dzelⁱa]

aujourd'hui (adv)	сёння	['sⁱɔnnⁱa]
demain (adv)	заўтра	['zawtra]
après-demain (adv)	паслязаўтра	[paslⁱa'zawtra]
hier (adv)	учора	[u'tʃɔra]
avant-hier (adv)	заўчора	[zaw'tʃɔra]

jour (m)	дзень (м)	['dzenⁱ]
jour (m) ouvrable	працоўны дзень (м)	[pra'tsɔwnɨ 'dzenⁱ]
jour (m) férié	святочны дзень (м)	[sⁱa'tɔtʃnɨ 'dzenⁱ]
jour (m) de repos	выхадны дзень (м)	[vɨhad'nɨ 'dzenⁱ]
week-end (m)	выхадныя (м мн)	[vɨhad'nⁱa]

toute la journée	увесь дзень	[u'vezⁱ 'dzenⁱ]
le lendemain	на наступны дзень	[na na'stupnɨ 'dzenⁱ]
il y a 2 jours	два дні таму	[dva 'dni ta'mu]
la veille	напярэдадні	[napⁱa'rɛdadni]
quotidien (adj)	штодзённы	[ʃtɔ'dzⁱɔnnɨ]
tous les jours	штодня	[ʃtɔ'dnⁱa]

semaine (f)	тыдзень (м)	['tɨdzenⁱ]
la semaine dernière	на мінулым тыдні	[na mi'nulɨm 'tidni]
la semaine prochaine	на наступным тыдні	[na na'stupnɨm 'tidni]
hebdomadaire (adj)	штотыднёвы	[ʃtɔtɨd'nⁱɔvi]
chaque semaine	штотыдзень	[ʃtɔ'tidzenⁱ]
2 fois par semaine	два разы на тыдзень	[dva ra'zɨ na 'tidzenⁱ]
tous les mardis	штоаўторак	[ʃtɔa'wtɔrak]

18. Les heures. Le jour et la nuit

matin (m)	ранак (м)	['ranak]
le matin	ранкам	['rankam]
midi (m)	поўдзень (м)	['pɔwdzenⁱ]
dans l'après-midi	пасля абеду	[pa'slⁱa a'bedu]
soir (m)	вечар (м)	['vetʃar]

le soir	увечар	[u'vetʃar]
nuit (f)	ноч (ж)	['notʃ]
la nuit	уначы	[una'tʃi]
minuit (f)	поўнач (ж)	['pownatʃ]

seconde (f)	секунда (ж)	[se'kunda]
minute (f)	хвіліна (ж)	[hvi'lina]
heure (f)	гадзіна (ж)	[ɦa'dzina]
demi-heure (f)	паўгадзіны	[pawɦa'dzini]
un quart d'heure	чвэрць (ж) гадзіны	[tʃvɛrtsʲ ɦa'dzini]
quinze minutes	пятнаццаць хвілін	[pʲat'natsatsʲ hvi'lin]
vingt-quatre heures	суткі (мн)	['sutki]

lever (m) du soleil	узыход (м) сонца	[uzi'hot 'sɔntsa]
aube (f)	світанак (м)	[svi'tanak]
point (m) du jour	ранічка (ж)	['ranitʃka]
coucher (m) du soleil	захад (м)	['zahat]

tôt le matin	ранічкаю	['ranitʃkau]
ce matin	сёння ранкам	[sʲonnʲa 'rankam]
demain matin	заўтра ранкам	['zawtra 'rankam]

cet après-midi	сёння ўдзень	[sʲonnʲa u'dzenʲ]
dans l'après-midi	пасля абеду	[pa'slʲa a'bedu]
demain après-midi	заўтра пасля абеду	['zawtra pa'slʲa a'bedu]

| ce soir | сёння ўвечары | [sʲonnʲa u'wetʃari] |
| demain soir | заўтра ўвечары | [zawtra u'wetʃari] |

à 3 heures précises	роўна а трэцяй гадзіне	[rɔwna a 'trɛtsʲaj ɦa'dzine]
autour de 4 heures	каля чацвёртай гадзіны	[ka'lʲa tʃats'vʲortaj ɦa'dzini]
vers midi	пад дванаццатую гадзіну	[pad dva'natsatuʉ ɦa'dzinu]

dans 20 minutes	праз дваццаць хвілін	[praz 'dvatsatsʲ hvi'lin]
dans une heure	праз гадзіну	[praz ɦa'dzinu]
à temps	своечасова	[svɔetʃa'sɔva]

… moins le quart	без чвэрці …	['bʲaʃ 'tʃvɛrtsi …]
en une heure	на працягу гадзіны	[na pra'tsʲaɦu ɦa'dzini]
tous les quarts d'heure	кожныя пятнаццаць хвілін	['kɔznʲ!a pʲat'natsatsʲ hvi'lin]
24 heures sur 24	круглыя суткі (мн)	['kruɦlʲ!a 'sutki]

19. Les mois. Les saisons

janvier (m)	студзень (м)	['studzenʲ]
février (m)	люты (м)	['lʉti]
mars (m)	сакавік (м)	[saka'vik]
avril (m)	красавік (м)	[krasa'vik]

| mai (m) | май (м) | ['maj] |
| juin (m) | чэрвень (м) | ['tʃɛrvenʲ] |

juillet (m)	ліпень (м)	['lipenʲ]
août (m)	жнівень (м)	['ʒnivenʲ]
septembre (m)	верасень (м)	['verasenʲ]
octobre (m)	кастрычнік (м)	[kas'tritʃnik]
novembre (m)	лістапад (м)	[lista'pat]
décembre (m)	снежань (м)	['sneʒanʲ]

printemps (m)	вясна (ж)	[vʲas'na]
au printemps	увесну	[u'vesnu]
de printemps (adj)	вясновы	[vʲas'nɔvi]

été (m)	лета (н)	['leta]
en été	улетку	[u'letku]
d'été (adj)	летні	['letni]

automne (m)	восень (ж)	['vɔsenʲ]
en automne	увосень	[u'vɔsenʲ]
d'automne (adj)	восеньскі	['vɔsenʲski]

hiver (m)	зіма (ж)	[zi'ma]
en hiver	узімку	[u'zimku]
d'hiver (adj)	зімовы	[zi'mɔvi]

mois (m)	месяц (м)	['mesʲats]
ce mois	у гэтым месяцы	[u 'ɦɛtim 'mesʲatsi]
le mois prochain	у наступным месяцы	[u nas'tupnim 'mesʲatsi]
le mois dernier	у мінулым месяцы	[u mi'nulim 'mesʲatsi]

il y a un mois	месяц таму	['mesʲats ta'mu]
dans un mois	праз месяц	[praz 'mesʲats]
dans 2 mois	праз два месяцы	[praz 'dva 'mesʲatsi]
tout le mois	увесь месяц	[u'vesʲ 'mesʲats]
tout un mois	цэлы месяц	[tsɛli 'mesʲats]

mensuel (adj)	штомесячны	[ʃtɔ'mesʲatʃni]
mensuellement	штомесяц	[ʃtɔ'mesʲats]
chaque mois	штомесяц	[ʃtɔ'mesʲats]
2 fois par mois	два разы на месяц	[dva ra'zi na 'mesʲats]

année (f)	год (м)	['ɦɔt]
cette année	сёлета	['sʲɔleta]
l'année prochaine	налета	[na'leta]
l'année dernière	летась	['letasʲ]

il y a un an	год таму	['ɦɔt ta'mu]
dans un an	праз год	[praz 'ɦɔt]
dans 2 ans	праз два гады	[praz 'dva ɦa'di]
toute l'année	увесь год	[u'vezʲ 'ɦɔt]
toute une année	цэлы год	[tsɛli 'ɦɔt]

chaque année	**штогод**	[ʃtɔˈɦɔt]
annuel (adj)	**штогадовы**	[ʃtɔɦaˈdɔvɨ]
annuellement	**штогод**	[ʃtɔˈɦɔt]
4 fois par an	**чатыры разы на год**	[tʃaˈtɨrɨ raˈzɨ na ˈɦɔt]
date (f) (jour du mois)	**дзень** (м)	[ˈdzenʲ]
date (f) (~ mémorable)	**дата** (ж)	[ˈdata]
calendrier (m)	**каляндар** (м)	[kalʲanˈdar]
six mois	**паўгода**	[pawˈɦɔda]
semestre (m)	**паўгоддзе** (н)	[pawˈɦɔdze]
saison (f)	**сезон** (м)	[seˈzɔn]
siècle (m)	**стагоддзе** (н)	[staˈɦɔdze]

LES VOYAGES. L'HÔTEL

USD CAD
EUR CHF
JPY HKD
GBP CNY

RECEPTION

T&P Books Publishing

20. Les voyages. Les excursions

tourisme (m)	турызм (м)	[tu'rizm]
touriste (m)	турыст (м)	[tu'rist]
voyage (m) (à l'étranger)	падарожжа (н)	[pada'roʐa]
aventure (f)	прыгода (ж)	[pri'ɦɔda]
voyage (m)	паездка (ж)	[pa'estka]
vacances (f pl)	водпуск (м)	['vɔtpusk]
être en vacances	быць у водпуску	['bits^j u 'vɔtpusku]
repos (m) (jours de ~)	адпачынак (м)	[atpa'tʃinak]
train (m)	цягнік (м)	[tsʲaɦ'nik]
en train	цягніком	[tsʲaɦni'kɔm]
avion (m)	самалёт (м)	[sama'lʲot]
en avion	самалётам	[sama'lʲotam]
en voiture	на аўтамабілі	[na awtama'bili]
en bateau	на караблі	[na karab'li]
bagage (m)	багаж (м)	[ba'ɦaʃ]
malle (f)	чамадан (м)	[tʃama'dan]
chariot (m)	каляска (ж) для багажу	[ka'lʲaska dlʲa baɦaʒu]
passeport (m)	пашпарт (м)	['paʃpart]
visa (m)	віза (ж)	['viza]
ticket (m)	білет (м)	[bi'let]
billet (m) d'avion	авіябілет (м)	[aviʲabi'let]
guide (m) (livre)	даведнік (м)	[da'vednik]
carte (f)	карта (ж)	['karta]
région (f) (~ rurale)	мясцовасць (ж)	[mʲas'tsɔvastsʲ]
endroit (m)	месца (н)	['mesʲtsa]
exotisme (m)	экзотыка (ж)	[ɛg'zɔtika]
exotique (adj)	экзатычны	[ɛgza'titʃnɨ]
étonnant (adj)	дзівосны	[dzi'vɔsnɨ]
groupe (m)	група (ж)	['ɦrupa]
excursion (f)	экскурсія (ж)	[ɛks'kursiʲa]
guide (m) (personne)	гід, экскурсавод (м)	['ɦit], [ɛkskursa'vɔt]

21. L'hôtel

hôtel (m)	гасцініца (ж)	[ɦas'tsinitsa]
hôtel (m)	гатэль (м)	[ɦa'tɛl]

motel (m)	матэль (м)	[ma'tɛlʲ]
3 étoiles	тры зоркі	[trɨ 'zɔrki]
5 étoiles	пяць зорак	[pʲatsʲ 'zɔrak]
descendre (à l'hôtel)	спыніцца	[spɨ'nitsa]
chambre (f)	нумар (м)	['numar]
chambre (f) simple	аднамесны нумар (м)	[adna'mesnɨ 'numar]
chambre (f) double	двухмесны нумар (м)	[dvuh'mesnɨ 'numar]
réserver une chambre	браніраваць нумар	[bra'niravatsʲ 'numar]
demi-pension (f)	паўпансіён (м)	[pawpansi'ʲon]
pension (f) complète	поўны пансіён (м)	['pɔwnɨ pansi'ʲon]
avec une salle de bain	з ваннай	[z 'vannaj]
avec une douche	з душам	[z 'duʃam]
télévision (f) par satellite	спадарожнікавае тэлебачанне (н)	[spada'rɔʒnikavae tɛle'batʃanne]
climatiseur (m)	кандыцыянер (м)	[kandɨtsɨʲa'ner]
serviette (f)	ручнік (м)	[rutʃ'nik]
clé (f)	ключ (м)	['klutʃ]
administrateur (m)	адміністратар (м)	[admini'stratar]
femme (f) de chambre	пакаёўка (ж)	[paka'ʲowka]
porteur (m)	насільшчык (м)	[na'silʲʃɕik]
portier (m)	парцье (м)	[par'tsʲe]
restaurant (m)	рэстаран (м)	[rɛsta'ran]
bar (m)	бар (м)	['bar]
petit déjeuner (m)	сняданак (м)	[snʲa'danak]
dîner (m)	вячэра (ж)	[vʲa'tʃɛra]
buffet (m)	шведскі стол (м)	['ʃvetski 'stɔl]
hall (m)	вестыбюль (м)	[vesti'bulʲ]
ascenseur (m)	ліфт (м)	['lift]
PRIÈRE DE NE PAS DÉRANGER	НЕ ТУРБАВАЦЬ	[ne turba'vatsʲ]
DÉFENSE DE FUMER	НЕ КУРЫЦЬ!	[ne ku'rɨtsʲ]

22. Le tourisme

monument (m)	помнік (м)	['pɔmnik]
forteresse (f)	крэпасць (ж)	['krɛpastsʲ]
palais (m)	палац (м)	[pa'lats]
château (m)	замак (м)	['zamak]
tour (f)	вежа (ж)	['veʒa]
mausolée (m)	маўзалей (м)	[mawza'lej]
architecture (f)	архітэктура (ж)	[arhitɛk'tura]
médiéval (adj)	сярэднявяковы	[sʲarɛdnevʲa'kovɨ]

ancien (adj)	**старадаўні**	[stara'dawni]
national (adj)	**нацыянальны**	[natsiʲa'nalʲni]
connu (adj)	**вядомы**	[vʲa'dɔmi]

touriste (m)	**турыст** (м)	[tu'rist]
guide (m) (personne)	**гід, экскурсавод** (м)	['ɦit], [ɛkskursa'vɔt]
excursion (f)	**экскурсія** (ж)	[ɛks'kursiʲa]
montrer (vt)	**паказваць**	[pa'kazvatsʲ]
raconter (une histoire)	**апавядаць**	[apavʲa'datsʲ]

trouver (vt)	**знайсці**	[znajs'tsi]
se perdre (vp)	**згубіцца**	[zɦu'bitsa]
plan (m) (du metro, etc.)	**схема** (ж)	['shema]
carte (f) (de la ville, etc.)	**план** (м)	['plan]

souvenir (m)	**сувенір** (м)	[suve'nir]
boutique (f) de souvenirs	**крама** (ж) **сувеніраў**	['krama suwe'niraw]
prendre en photo	**фатаграфаваць**	[fataɦrafa'vatsʲ]
se faire prendre en photo	**фатаграфавацца**	[fataɦrafa'vatsa]

T&P BOOKS

LES TRANSPORTS

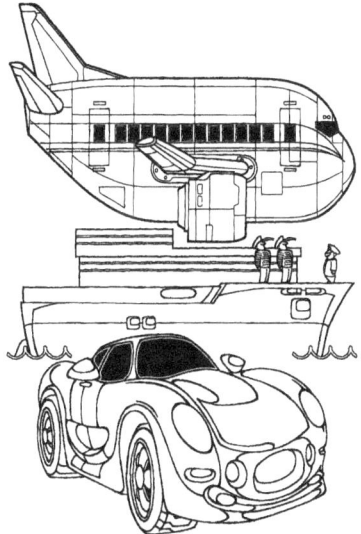

T&P Books Publishing

aéroport (m)	аэрапорт (м)	[aɛra'pɔrt]
avion (m)	самалёт (м)	[sama'lʲot]
compagnie (f) aérienne	авіякампанія (ж)	[avʲiakam'panʲia]
contrôleur (m) aérien	дыспетчар (м)	[dis'petʃar]
départ (m)	вылет (м)	['vilet]
arrivée (f)	прылёт (м)	[pri'lʲot]
arriver (par avion)	прыляцець	[prilʲa'tsetsʲ]
temps (m) de départ	час (м) вылету	[tʃas 'viletu]
temps (m) d'arrivée	час (м) прылёту	[tʃas pri'lʲotu]
être retardé	затрымлівацца	[za'trimlivatsa]
retard (m) de l'avion	затрымка (ж) вылету	[za'trimka 'viletu]
tableau (m) d'informations	інфармацыйнае табло (н)	[infarma'tsijnae tab'lɔ]
information (f)	інфармацыя (ж)	[infar'matsʲia]
annoncer (vt)	абвяшчаць	[abvʲa'ʃɕatsʲ]
vol (m)	рэйс (м)	['rɛjs]
douane (f)	мытня (ж)	['mitnʲa]
douanier (m)	мытнік (м)	['mitnik]
déclaration (f) de douane	дэкларацыя (ж)	[dɛkla'ratsʲia]
remplir (vt)	запоўніць	[za'pɔwnitsʲ]
remplir la déclaration	запоўніць дэкларацыю	[za'pɔwnitsʲ dɛkla'ratsʲu]
contrôle (m) de passeport	пашпартны кантроль (м)	['paʃpartni kan'trɔlʲ]
bagage (m)	багаж (м)	[ba'haʃ]
bagage (m) à main	ручная паклажа (ж)	[rutʃ'naʲa pak'laʒa]
chariot (m)	каляска (ж) для багажу	[ka'lʲaska dlʲa baʰaʒu]
atterrissage (m)	пасадка (ж)	[pa'satka]
piste (f) d'atterrissage	пасадачная паласа (ж)	[pa'sadatʃnaʲa pala'sa]
atterrir (vi)	садзіцца	[sa'dzitsa]
escalier (m) d'avion	трап (м)	['trap]
enregistrement (m)	рэгістрацыя (ж)	[rɛʰi'stratsʲia]
comptoir (m) d'enregistrement	стойка (ж) рэгістрацыі	[stɔjka rɛʰist'ratsii]
s'enregistrer (vp)	зарэгістравацца	[zarɛʰistra'vatsa]
carte (f) d'embarquement	пасадачны талон (м)	[pa'sadatʃni ta'lɔn]
porte (f) d'embarquement	выхад (м)	['vihat]

transit (m)	транзіт (м)	[tran'zit]
attendre (vt)	чакаць	[tʃa'katsʲ]
salle (f) d'attente	зала (ж) чакання	['zala tʃa'kannʲa]
raccompagner (à l'aéroport, etc.)	праводзіць	[pra'vɔdzitsʲ]
dire au revoir	развітвацца	[raz'vitvatsa]

24. L'avion

avion (m)	самалёт (м)	[sama'lʲot]
billet (m) d'avion	авіябілет (м)	[aviʲabi'let]
compagnie (f) aérienne	авіякампанія (ж)	[aviʲakam'paniʲa]
aéroport (m)	аэрапорт (м)	[aɛra'pɔrt]
supersonique (adj)	звышгукавы	[zviʒɦuka'vi]

commandant (m) de bord	камандзір (м) карабля	[kaman'dzir karab'lʲa]
équipage (m)	экіпаж (м)	[ɛki'paʃ]
pilote (m)	пілот (м)	[pi'lɔt]
hôtesse (f) de l'air	сцюардэса (ж)	[sʲtsʉar'dɛsa]
navigateur (m)	штурман (м)	['ʃturman]

ailes (f pl)	крылы (н мн)	['krili]
queue (f)	хвост (м)	['hvɔst]
cabine (f)	кабіна (ж)	[ka'bina]
moteur (m)	рухавік (м)	[ruha'vik]
train (m) d'atterrissage	шасі (н)	[ʃa'si]
turbine (f)	турбіна (ж)	[tur'bina]

hélice (f)	прапелер (м)	[pra'peler]
boîte (f) noire	чорная скрынка (ж)	['tʃɔrnaʲa 'skrinka]
gouvernail (m)	штурвал (м)	[ʃtur'val]
carburant (m)	гаручае (н)	[ɦaru'tʃae]

consigne (f) de sécurité	інструкцыя (ж)	[in'struktsiʲa]
masque (m) à oxygène	кіслародная маска (ж)	[kisla'rɔdnaʲa 'maska]
uniforme (m)	уніформа (ж)	[uni'fɔrma]
gilet (m) de sauvetage	выратавальная камізэлька (ж)	[virata'valʲnaʲa kami'zɛlʲka]
parachute (m)	парашут (м)	[para'ʃut]

décollage (m)	узлёт (м)	[uz'lʲot]
décoller (vi)	узляцаць	[uzlʲa'tatsʲ]
piste (f) de décollage	узлётная паласа (ж)	[uz'lʲotnaʲa pala'sa]

visibilité (f)	бачнасць (ж)	['batʃnastsʲ]
vol (m) (~ d'oiseau)	палёт (м)	[pa'lʲot]
altitude (f)	вышыня (ж)	[viʃi'nʲa]
trou (m) d'air	паветраная яма (ж)	[pa'vetranaʲa ¹ʲama]
place (f)	месца (н)	['mesʲtsa]
écouteurs (m pl)	навушнікі (м мн)	[na'vuʃniki]

tablette (f)	адкідны столік (м)	[atkid'nʲ 'stolik]
hublot (m)	ілюмінатар (м)	[ilʉmi'natar]
couloir (m)	праход (м)	[pra'hɔt]

25. Le train

train (m)	цягнік (м)	[tsʲaʰ'nik]
train (m) de banlieue	электрацягнік (м)	[ɛ'lektra tsʲaʰ'nik]
TGV (m)	хуткі цягнік (м)	[hutki tsʲaʰ'nik]
locomotive (f) diesel	цеплавоз (м)	[tsepla'vɔs]
locomotive (f) à vapeur	паравоз (м)	[para'vɔs]

| wagon (m) | вагон (м) | [va'hɔn] |
| wagon-restaurant (m) | вагон-рэстаран (м) | [va'hɔn rɛsta'ran] |

rails (m pl)	рэйкі (ж мн)	['rɛjki]
chemin (m) de fer	чыгунка (ж)	[tʃi'hunka]
traverse (f)	шпала (ж)	['ʃpala]

quai (m)	платформа (ж)	[plat'fɔrma]
voie (f)	пуць (м)	['putsʲ]
sémaphore (m)	семафор (м)	[sema'fɔr]
station (f)	станцыя (ж)	['stantsʲʲa]

conducteur (m) de train	машыніст (м)	[maʃi'nist]
porteur (m)	насільшчык (м)	[na'silʲʃɕik]
steward (m)	праваднік (м)	[pravad'nik]
passager (m)	пасажыр (м)	[pasa'ʒir]
contrôleur (m) de billets	кантралёр (м)	[kantra'lʲor]

| couloir (m) | калідор (м) | [kali'dɔr] |
| frein (m) d'urgence | стоп-кран (м) | [stɔp'kran] |

compartiment (m)	купэ (н)	[ku'pɛ]
couchette (f)	лаўка (ж)	['lawka]
couchette (f) d'en haut	лаўка (ж) верхняя	[lawka 'verhnæʲa]
couchette (f) d'en bas	лаўка (ж) ніжняя	[lawka 'niʒnæʲa]
linge (m) de lit	пасцельная бялізна (ж)	[pasʲtselʲnaʲa bʲa'lizna]

ticket (m)	білет (м)	[bi'let]
horaire (m)	расклад (м)	[ras'klat]
tableau (m) d'informations	табло (н)	[tab'lɔ]

partir (vi)	адыходзіць	[adi'hɔdzitsʲ]
départ (m) (du train)	адпраўленне (н)	[atpraw'lenne]
arriver (le train)	прыбываць	[pribi'vatsʲ]
arrivée (f)	прыбыццё (н)	[pribi'tsʲo]

| arriver en train | прыехаць цягніком | [pri'ehatsʲ tsʲaʰni'kɔm] |
| prendre le train | сесці на цягнік | ['sesʲtsi na tsʲaʰ'nik] |

descendre du train	сысці з цягніка	[sɨs'tsi z tsⁱaɦni'ka]
accident (m) ferroviaire	крушэнне (н)	[kru'ʃɛnne]
dérailler (vi)	сысці з рэек	[sɨs'tsi z 'rɛek]
locomotive (f) à vapeur	паравоз (м)	[para'vɔs]
chauffeur (m)	качагар (м)	[katʃa'ɦar]
chauffe (f)	топка (ж)	['tɔpka]
charbon (m)	вугаль (м)	['vuɦalʲ]

26. Le bateau

bateau (m)	карабель (м)	[kara'belʲ]
navire (m)	судна (н)	['sudna]
bateau (m) à vapeur	параход (м)	[para'hɔt]
paquebot (m)	цеплаход (м)	[tsepla'hɔt]
bateau (m) de croisière	лайнер (м)	['lajner]
croiseur (m)	крэйсер (м)	['krɛjser]
yacht (m)	яхта (ж)	['ⁱahta]
remorqueur (m)	буксір (м)	[buk'sir]
péniche (f)	баржа (ж)	['barʒa]
ferry (m)	паром (м)	[pa'rɔm]
voilier (m)	паруснік (м)	['parusnik]
brigantin (m)	брыганціна (ж)	[brɨɦan'tsina]
brise-glace (m)	ледакол (м)	[leda'kɔl]
sous-marin (m)	падводная лодка (ж)	[pad'vɔdnaⁱa 'lɔtka]
canot (m) à rames	лодка (ж)	['lɔtka]
dinghy (m)	шлюпка (ж)	['ʃlʉpka]
canot (m) de sauvetage	шлюпка (ж) выратавальная	[ʃlʉpka vɨrata'valʲnaⁱa]
canot (m) à moteur	катэр (м)	['katɛr]
capitaine (m)	капітан (м)	[kapi'tan]
matelot (m)	матрос (м)	[mat'rɔs]
marin (m)	марак (м)	[ma'rak]
équipage (m)	экіпаж (м)	[ɛki'paʃ]
maître (m) d'équipage	боцман (м)	['bɔtsman]
mousse (m)	юнга (м)	['ʉnɦa]
cuisinier (m) du bord	кок (м)	['kɔk]
médecin (m) de bord	суднавы ўрач (м)	['sudnavɨ 'wratʃ]
pont (m)	палуба (ж)	['paluba]
mât (m)	мачта (ж)	['matʃta]
voile (f)	парус (м)	['parus]
cale (f)	трум (м)	['trum]
proue (f)	нос (м)	['nɔs]

poupe (f)	карма (ж)	[kar'ma]
rame (f)	вясло (н)	[vʲas'lɔ]
hélice (f)	вінт (м)	['vint]
cabine (f)	каюта (ж)	[ka'ʉta]
carré (m) des officiers	кают-кампанія (ж)	[ka'ʉt kam'panʲiɑ]
salle (f) des machines	машыннае аддзяленне (н)	[ma'ʃinnae adzʲa'lenne]
passerelle (f)	капітанскі мосцік (м)	[kapi'tanski 'mɔsʲtsik]
cabine (f) de T.S.F.	радыёрубка (ж)	[radʲiʲo'rupka]
onde (f)	хваля (ж)	['hvalʲa]
journal (m) de bord	суднавы журнал (м)	['sudnavɨ ʒur'nal]
longue-vue (f)	падзорная труба (ж)	[pa'dzɔrnaʲa tru'ba]
cloche (f)	звон (м)	['zvɔn]
pavillon (m)	сцяг (м)	['sʲtsʲaɦ]
grosse corde (f) tressée	канат (м)	[ka'nat]
nœud (m) marin	вузел (м)	['vuzel]
rampe (f)	поручань (м)	['pɔrutʃanʲ]
passerelle (f)	трап (м)	['trap]
ancre (f)	якар (м)	['ʲakar]
lever l'ancre	падняць якар	[pad'nʲatsʲ 'ʲakar]
jeter l'ancre	кінуць якар	['kinutsʲ 'ʲakar]
chaîne (f) d'ancrage	якарны ланцуг (м)	['ʲakarnɨ lan'tsuɦ]
port (m)	порт (м)	['pɔrt]
embarcadère (m)	прычал (м)	[pri'tʃal]
accoster (vi)	прычальваць	[pri'tʃalʲvatsʲ]
larguer les amarres	адчальваць	[a'tʃalʲvatsʲ]
voyage (m) (à l'étranger)	падарожжа (н)	[pada'rɔʒa]
croisière (f)	круіз (м)	[kru'is]
cap (m) (suivre un ~)	курс (м)	['kurs]
itinéraire (m)	маршрут (м)	[marʃ'rut]
chenal (m)	фарватэр (м)	[far'vatɛr]
bas-fond (m)	мель (ж)	['melʲ]
échouer sur un bas-fond	сесці на мель	[sesʲtsi na 'melʲ]
tempête (f)	бура (ж)	['bura]
signal (m)	сігнал (м)	[siɦ'nal]
sombrer (vi)	тануць	[ta'nutsʲ]
Un homme à la mer!	Чалавек за бортам!	[tʃala'vek za 'bortam!]
SOS (m)	SOS	['sɔs]
bouée (f) de sauvetage	выратавальны круг (м)	[virata'valʲnɨ kruɦ]

LA VILLE

T&P Books Publishing

27. Les transports en commun

autobus (m)	аўтобус (м)	[aw'tɔbus]
tramway (m)	трамвай (м)	[tram'vaj]
trolleybus (m)	тралейбус (м)	[tra'lejbus]
itinéraire (m)	маршрут (м)	[marʃ'rut]
numéro (m)	нумар (м)	['numar]
prendre ...	ехаць на ...	['ehatsʲ na ...]
monter (dans l'autobus)	сесці	['sesʲtsi]
descendre de ...	сысці з ...	[sisʲtsi z ...]
arrêt (m)	прыпынак (м)	[priʲpinak]
arrêt (m) prochain	наступны прыпынак (м)	[na'stupni priʲpinak]
terminus (m)	канцавы прыпынак (м)	[kantsa'vi priʲpinak]
horaire (m)	расклад (м)	[ras'klat]
attendre (vt)	чакаць	[tʃa'katsʲ]
ticket (m)	білет (м)	[bi'let]
prix (m) du ticket	кошт (м) білета	[kɔʒd bi'leta]
caissier (m)	касір (м)	[ka'sir]
contrôle (m) des tickets	кантроль (м)	[kan'trɔlʲ]
contrôleur (m)	кантралёр (м)	[kantra'lʲor]
être en retard	спазняцца	[spazʲʲnʲatsa]
rater (~ le train)	спазніцца	[spazʲʲnitsa]
se dépêcher	спяшацца	[spʲa'ʃatsa]
taxi (m)	таксі (н)	[tak'si]
chauffeur (m) de taxi	таксіст (м)	[tak'sist]
en taxi	на таксі	[na tak'si]
arrêt (m) de taxi	стаянка (ж) таксі	[sta'ʲanka tak'si]
appeler un taxi	выклікаць таксі	[viklikatsʲ tak'si]
prendre un taxi	узяць таксі	[u'zʲatsʲ tak'si]
trafic (m)	вулічны рух (м)	['vulitʃni 'ruh]
embouteillage (m)	затор (м)	[za'tɔr]
heures (f pl) de pointe	час (м) пік	['tʃas 'pik]
se garer (vp)	паркавацца	[parka'vatsa]
garer (vt)	паркаваць	[parka'vatsʲ]
parking (m)	стаянка (ж)	[sta'ʲanka]
métro (m)	метро (н)	[me'trɔ]
station (f)	станцыя (ж)	['stantsʲia]
prendre le métro	ехаць на метро	['ehatsʲ na me'trɔ]

train (m)	**цягнік** (м)	[tsʲaɦ'nik]
gare (f)	**вакзал** (м)	[vaɦ'zal]

28. La ville. La vie urbaine

ville (f)	**горад** (м)	['ɦɔrat]
capitale (f)	**сталіца** (ж)	[sta'litsa]
village (m)	**вёска** (ж)	['vʲoska]
plan (m) de la ville	**план** (м) **горада**	['plan 'ɦɔrada]
centre-ville (m)	**цэнтр** (м) **горада**	['tsɛntr 'ɦɔrada]
banlieue (f)	**прыгарад** (м)	['priɦarat]
de banlieue (adj)	**прыгарадны**	['priɦaradni]
périphérie (f)	**ускраіна** (ж)	[us'kraina]
alentours (m pl)	**наваколле** (н)	[nava'kɔlle]
quartier (m)	**квартал** (м)	[kvar'tal]
quartier (m) résidentiel	**жылы квартал** (м)	[ʒi'li kvar'tal]
trafic (m)	**вулічны рух** (м)	['vulitʃni 'ruɦ]
feux (m pl) de circulation	**святлафор** (м)	[svʲatla'for]
transport (m) urbain	**гарадскі транспарт** (м)	[ɦara'tski 'transpart]
carrefour (m)	**скрыжаванне** (н)	[skriʒa'vanne]
passage (m) piéton	**пешаходны пераход** (м)	[peʃa'ɦɔdni pera'ɦɔt]
passage (m) souterrain	**падземны пераход** (м)	[pa'dzemni pera'ɦɔt]
traverser (vt)	**пераходзіць**	[pera'ɦɔdzitsʲ]
piéton (m)	**пешаход** (м)	[peʃa'ɦɔt]
trottoir (m)	**ходнік** (м)	['ɦɔdnik]
pont (m)	**мост** (м)	['mɔst]
quai (m)	**набярэжная** (ж)	[nabʲa'rɛʒnaʲa]
fontaine (f)	**фантан** (м)	[fan'tan]
allée (f)	**алея** (ж)	[a'leʲa]
parc (m)	**парк** (м)	['park]
boulevard (m)	**бульвар** (м)	[bulʲ'var]
place (f)	**плошча** (ж)	['plɔʃca]
avenue (f)	**праспект** (м)	[pras'pekt]
rue (f)	**вуліца** (ж)	['vulitsa]
ruelle (f)	**завулак** (м)	[za'vulak]
impasse (f)	**тупік** (м)	[tu'pik]
maison (f)	**дом** (м)	['dɔm]
édifice (m)	**будынак** (м)	[bu'dinak]
gratte-ciel (m)	**хмарачос** (м)	[hmara'tʃɔs]
façade (f)	**фасад** (м)	[fa'sat]
toit (m)	**дах** (м)	['dah]
fenêtre (f)	**акно** (н)	[ak'nɔ]

arc (m)	арка (ж)	['arka]
colonne (f)	калона (ж)	[ka'lɔna]
coin (m)	рог (м)	['rɔɦ]

vitrine (f)	вітрына (ж)	[vit'rɨna]
enseigne (f)	шыльда (ж)	['ʃɨlʲda]
affiche (f)	афіша (ж)	[a'fiʃa]
affiche (f) publicitaire	рэкламны плакат (м)	[rɛk'lamnɨ pla'kat]
panneau-réclame (m)	рэкламны шчыт (м)	[rɛk'lamnɨ 'ʃɕɨt]

ordures (f pl)	смецце (н)	['smetse]
poubelle (f)	урна (ж)	['urna]
jeter à terre	насмечваць	[nas'metʃvatsʲ]
décharge (f)	сметнік (м)	['smetnik]

cabine (f) téléphonique	тэлефонная будка (ж)	[tɛle'fɔnnaʲa 'butka]
réverbère (m)	ліхтарны слуп (м)	[lih'tarnɨ 'slup]
banc (m)	лаўка (ж)	['lawka]

policier (m)	паліцэйскі (м)	[pali'tsɛjski]
police (f)	паліцыя (ж)	[pa'litsɨʲa]
clochard (m)	жабрак (м)	[ʒab'rak]
sans-abri (m)	беспрытульны (м)	[besprɨ'tulʲnɨ]

29. Les institutions urbaines

magasin (m)	крама (ж)	['krama]
pharmacie (f)	аптэка (ж)	[ap'tɛka]
opticien (m)	оптыка (ж)	['ɔptɨka]
centre (m) commercial	гандлёвы цэнтр (м)	[ɦand'lʲovɨ 'tsɛntr]
supermarché (m)	супермаркет (м)	[super'market]

boulangerie (f)	булачная (ж)	['bulatʃnaʲa]
boulanger (m)	пекар (м)	['pekar]
pâtisserie (f)	кандытарская (ж)	[kan'dɨtarskaʲa]
épicerie (f)	бакалея (ж)	[baka'leʲa]
boucherie (f)	мясная крама (ж)	[mʲas'naʲa 'krama]

| magasin (m) de légumes | крама (ж) гароднíны | ['krama ɦa'rodninɨ] |
| marché (m) | рынак (м) | ['rɨnak] |

salon (m) de café	кавярня (ж)	[ka'vʲarnʲa]
restaurant (m)	рэстаран (м)	[rɛsta'ran]
brasserie (f)	піўная (ж)	[piw'naʲa]
pizzeria (f)	піцэрыя (ж)	[pi'tsɛrɨʲa]

salon (m) de coiffure	цырульня (ж)	[tsɨ'rulʲnʲa]
poste (f)	пошта (ж)	['pɔʃta]
pressing (m)	хімчыстка (ж)	[him'tʃistka]
atelier (m) de photo	фотаатэлье (н)	[fɔtaatɛ'lʲe]

magasin (m) de chaussures	абутковая крама (ж)	[abutˈkovaʲa ˈkrama]
librairie (f)	кнігарня (ж)	[kniˈɦarnʲa]
magasin (m) d'articles de sport	спартыўная крама (ж)	[sparˈtʲiwnaʲa ˈkrama]
atelier (m) de retouche	рамонт (м) адзення	[raˈmɔnt aˈdzennʲa]
location (f) de vêtements	пракат (м) адзення	[praˈkat aˈdzennʲa]
location (f) de films	пракат (м) фільмаў	[praˈkat ˈfilʲmaw]
cirque (m)	цырк (м)	[ˈtsɨrk]
zoo (m)	заапарк (м)	[zaaˈpark]
cinéma (m)	кінатэатр (м)	[kinatɛˈatr]
musée (m)	музей (м)	[muˈzej]
bibliothèque (f)	бібліятэка (ж)	[bibliʲaˈtɛka]
théâtre (m)	тэатр (м)	[tɛˈatr]
opéra (m)	опера (ж)	[ˈɔpera]
boîte (f) de nuit	начны клуб (м)	[natʃˈnʲ ˈklup]
casino (m)	казіно (н)	[kaziˈnɔ]
mosquée (f)	мячэць (ж)	[mʲaˈtʃɛtsʲ]
synagogue (f)	сінагога (ж)	[sinaˈɦɔɦa]
cathédrale (f)	сабор (м)	[saˈbɔr]
temple (m)	храм (м)	[ˈhram]
église (f)	царква (ж)	[tsarkˈva]
institut (m)	інстытут (м)	[instʲiˈtut]
université (f)	універсітэт (м)	[universiˈtɛt]
école (f)	школа (ж)	[ˈʃkola]
préfecture (f)	прэфектура (ж)	[prɛfekˈtura]
mairie (f)	мэрыя (ж)	[ˈmɛriʲa]
hôtel (m)	гасцініца (ж)	[ɦasˈtsinitsa]
banque (f)	банк (м)	[ˈbank]
ambassade (f)	пасольства (н)	[paˈsɔlʲstva]
agence (f) de voyages	турагенцтва (н)	[turaˈɦentstva]
bureau (m) d'information	бюро (н) даведак	[bʉˈrɔ daˈvedak]
bureau (m) de change	абменны пункт (м)	[abˈmenni ˈpunkt]
métro (m)	метро (н)	[meˈtrɔ]
hôpital (m)	бальніца (ж)	[balʲˈnitsa]
station-service (f)	бензазапраўка (ж)	[ˈbenza zaˈprawka]
parking (m)	аўтастаянка (ж)	[awtastaˈʲanka]

30. Les enseignes. Les panneaux

enseigne (f)	шыльда (ж)	[ˈʃɨlʲda]
pancarte (f)	надпіс (м)	[ˈnatpis]

poster (m)	плакат (м)	[pla'kat]
indicateur (m) de direction	паказальнік (м)	[paka'zalʲnik]
flèche (f)	стрэлка (ж)	['strɛlka]
avertissement (m)	перасцярога (ж)	[perastsʲa'rɔɦa]
panneau d'avertissement	папярэджанне (н)	[papʲa'rɛʤanne]
avertir (vt)	папярэджваць	[papʲa'rɛʤvatsʲ]
jour (m) de repos	выхадны дзень (м)	[vihad'nʲi 'dzenʲ]
horaire (m)	расклад (м)	[ras'klat]
heures (f pl) d'ouverture	гадзіны (ж мн) працы	[ɦa'dzini 'pratsi]
BIENVENUE!	САРДЭЧНА ЗАПРАШАЕМ!	[sar'dɛtʃna zapra'ʃaem]
ENTRÉE	УВАХОД	[uva'hɔt]
SORTIE	ВЫХАД	['vihat]
POUSSER	АД СЯБЕ	[at sʲa'be]
TIRER	НА СЯБЕ	[na sʲa'be]
OUVERT	АДЧЫНЕНА	[a'tʃinena]
FERMÉ	ЗАЧЫНЕНА	[za'tʃinena]
FEMMES	ДЛЯ ЖАНЧЫН	[dlʲa ʒan'tʃin]
HOMMES	ДЛЯ МУЖЧЫН	[dlʲa mu'ʃɕin]
RABAIS	СКІДКІ	['skitki]
SOLDES	РАСПРОДАЖ	[ras'prɔdaʃ]
NOUVEAU!	НАВІНКА!	[na'vinka]
GRATUIT	БЯСПЛАТНА	[bʲas'platna]
ATTENTION!	УВАГА!	[u'vaɦa]
COMPLET	МЕСЦАЎ НЯМА	['mesʲtsaw nʲa'ma]
RÉSERVÉ	ЗАРЭЗЕРВАВАНА	[zarɛzerva'vana]
ADMINISTRATION	АДМІНІСТРАЦЫЯ	[admini'stratsiʲa]
RÉSERVÉ AU PERSONNEL	ТОЛЬКІ ДЛЯ ПЕРСАНАЛУ	['tɔlʲki dlʲa persa'nalu]
ATTENTION CHIEN MÉCHANT	ЗЛЫ САБАКА	['zli sa'baka]
DÉFENSE DE FUMER	НЕ КУРЫЦЬ!	[ne ku'ritsʲ]
PRIÈRE DE NE PAS TOUCHER	РУКАМІ НЕ КРАНАЦЬ!	[ru'kami ne kra'natsʲ]
DANGEREUX	НЕБЯСПЕЧНА	[nebʲa'spetʃna]
DANGER	НЕБЯСПЕКА	[nebʲa'speka]
HAUTE TENSION	ВЫСОКАЕ НАПРУЖАННЕ	[vi'sɔkae na'pruʒanne]
BAIGNADE INTERDITE	КУПАЦЦА ЗАБАРОНЕНА	[ku'patsa zaba'rɔnena]
HORS SERVICE	НЕ ПРАЦУЕ	[ne pra'tsue]
INFLAMMABLE	ВОГНЕНЕБЯСПЕЧНА	[vɔhnenebʲas'petʃna]

INTERDIT   **ЗАБАРОНЕНА**   [zaba'rɔnena]
PASSAGE INTERDIT   **ПРАХОД ЗАБАРОНЕНЫ**   [pra'hɔd zaba'rɔnenɨ]
PEINTURE FRAÎCHE   **ПАФАРБАВАНА**   [pafarba'vana]

31. Le shopping

acheter (vt)	**купляць**	[kup'lʲatsʲ]
achat (m)	**пакупка** (ж)	[pa'kupka]
faire des achats	**рабіць закупы**	[ra'bitsʲ 'zakupɨ]
shopping (m)	**шопінг** (м)	['ʃɔpinɦ]
être ouvert	**працаваць**	[pratsa'vatsʲ]
être fermé	**зачыніцца**	[zatʃɨ'nitsa]
chaussures (f pl)	**абутак** (м)	[a'butak]
vêtement (m)	**адзенне** (н)	[a'dzenne]
produits (m pl) de beauté	**касметыка** (ж)	[kas'metɨka]
produits (m pl) alimentaires	**прадукты** (м мн)	[pra'duktɨ]
cadeau (m)	**падарунак** (м)	[pada'runak]
vendeur (m)	**прадавец** (м)	[prada'vets]
vendeuse (f)	**прадаўшчыца** (ж)	[pradaw'ʃʨɨtsa]
caisse (f)	**каса** (ж)	['kasa]
miroir (m)	**люстэрка** (н)	[lʲus'tɛrka]
comptoir (m)	**прылавак** (м)	[prɨ'lavak]
cabine (f) d'essayage	**прымерачная** (ж)	[prɨ'meratʃnaʲa]
essayer (robe, etc.)	**прымераць**	[prɨ'meratsʲ]
aller bien (robe, etc.)	**пасаваць**	[pasa'vatsʲ]
plaire (être apprécié)	**падабацца**	[pada'batsa]
prix (m)	**цана** (ж)	[tsa'na]
étiquette (f) de prix	**цэннік** (м)	['tsɛnnik]
coûter (vt)	**каштаваць**	[kaʃta'vatsʲ]
Combien?	**Колькі?**	['kɔlʲki]
rabais (m)	**скідка** (ж)	['skitka]
pas cher (adj)	**недарагі**	[nedara'ɦi]
bon marché (adj)	**танны**	['tannɨ]
cher (adj)	**дарагі**	[dara'ɦi]
C'est cher	**Гэта дорага.**	['ɦɛta 'dɔraɦa]
location (f)	**пракат** (м)	[pra'kat]
louer (une voiture, etc.)	**узяць напракат**	[u'zʲatsʲ napra'kat]
crédit (m)	**крэдыт** (м)	[krɛ'dɨt]
à crédit (adv)	**у крэдыт**	[u krɛ'dɨt]

BOOKS

LES VÊTEMENTS & LES ACCESSOIRES

T&P Books Publishing

32. Les vêtements d'extérieur

vêtement (m)	адзенне (н)	[a'dzenne]
survêtement (m)	вопратка (ж)	['vɔpratka]
vêtement (m) d'hiver	зімовая вопратка (ж)	[zi'mɔvaʲa 'vɔpratka]
manteau (m)	паліто (н)	[pali'tɔ]
manteau (m) de fourrure	футра (н)	['futra]
veste (f) de fourrure	паўкажушак (м)	[pawka'ʒwʃak]
manteau (m) de duvet	пухавік (м)	[puha'vik]
veste (f) (~ en cuir)	куртка (ж)	['kurtka]
imperméable (m)	плашч (м)	['plaʃɕ]
imperméable (adj)	непрамакальны	[neprama'kalʲnʲi]

33. Les vêtements

chemise (f)	кашуля (ж)	[ka'ʃulʲa]
pantalon (m)	штаны (мн)	[ʃta'nɨ]
jean (m)	джынсы (мн)	['dʒinsɨ]
veston (m)	пінжак (м)	[pin'ʒak]
complet (m)	касцюм (м)	[kas'tsʉm]
robe (f)	сукенка (ж)	[su'kenka]
jupe (f)	спадніца (ж)	[spad'nitsa]
chemisette (f)	блузка (ж)	['bluska]
veste (f) en laine	кофта (ж)	['kɔfta]
jaquette (f), blazer (m)	жакет (м)	[ʒa'ket]
tee-shirt (m)	футболка (ж)	[fud'bɔlka]
short (m)	шорты (мн)	['ʃɔrtɨ]
costume (m) de sport	спартыўны касцюм (м)	[spar'tɨwnɨ kas'tsʉm]
peignoir (m) de bain	халат (м)	[ha'lat]
pyjama (m)	піжама (ж)	[pi'ʒama]
chandail (m)	світэр (м)	['svitɛr]
pull-over (m)	пуловер (м)	[pu'lɔver]
gilet (m)	камізэлька (ж)	[kami'zɛlʲka]
queue-de-pie (f)	фрак (м)	['frak]
smoking (m)	смокінг (м)	['smɔkinɦ]
uniforme (m)	форма (ж)	['fɔrma]
tenue (f) de travail	працоўнае адзенне (н)	[pra'tsɔwnae a'dzenne]

salopette (f)	камбінезон (m)	[kambine'zɔn]
blouse (f) (d'un médecin)	халат (m)	[ha'lat]

34. Les sous-vêtements

sous-vêtements (m pl)	бялізна (ж)	[bʲa'lizna]
boxer (m)	трусы (мн)	[tru'sɨ]
slip (m) de femme	трусікі (мн)	['trusiki]
maillot (m) de corps	майка (ж)	['majka]
chaussettes (f pl)	шкарпэткі (ж мн)	[ʃkar'pɛtki]
chemise (f) de nuit	начная кашуля (ж)	[natʃ'naʲa ka'ʃulʲa]
soutien-gorge (m)	бюстгальтар (m)	[bʉz'halʲtar]
chaussettes (f pl) hautes	гольфы (мн)	['hɔlʲfɨ]
collants (m pl)	калготкі (мн)	[kal'hɔtki]
bas (m pl)	панчохі (ж мн)	[pan'tʃɔhi]
maillot (m) de bain	купальнік (m)	[ku'palʲnik]

35. Les chapeaux

chapeau (m)	шапка (ж)	['ʃapka]
chapeau (m) feutre	капялюш (m)	[kapʲa'lʉʃ]
casquette (f) de base-ball	бейсболка (ж)	[bejz'bɔlka]
casquette (f)	кепка (ж)	['kepka]
béret (m)	берэт (m)	[bʲa'rɛt]
capuche (f)	капюшон (m)	[kapʉ'ʃɔn]
panama (m)	панамка (ж)	[pa'namka]
bonnet (m) de laine	вязаная шапачка (ж)	[vʲazanaʲa 'ʃapatʃka]
foulard (m)	хустка (ж)	['hustka]
chapeau (m) de femme	капялюшык (m)	[kapʲa'lʉʃik]
casque (m) (d'ouvriers)	каска (ж)	['kaska]
calot (m)	пілотка (ж)	[pi'lɔtka]
casque (m) (~ de moto)	шлем (m)	['ʃlem]
melon (m)	кацялок (m)	[katsʲa'lɔk]
haut-de-forme (m)	цыліндр (m)	[tsɨ'lindr]

36. Les chaussures

chaussures (f pl)	абутак (m)	[a'butak]
bottines (f pl)	чаравікі (м мн)	[tʃara'viki]
souliers (m pl) (~ plats)	туфлі (м мн)	['tufli]
bottes (f pl)	боты (м мн)	['bɔtɨ]

chaussons (m pl)	тапачкі (ж мн)	['tapatʃki]
tennis (m pl)	красоўкі (ж мн)	[kra'sɔwki]
baskets (f pl)	кеды (м мн)	['kedi]
sandales (f pl)	сандалі (ж мн)	[san'dali]

cordonnier (m)	шавец (м)	[ʃa'vets]
talon (m)	абцас (м)	[ap'tsas]
paire (f)	пара (ж)	['para]

lacet (m)	шнурок (м)	[ʃnu'rɔk]
lacer (vt)	шнураваць	[ʃnura'vatsʲ]
chausse-pied (m)	ражок (м)	[ra'ʒɔk]
cirage (m)	крэм (м) для абутку	['krɛm dlʲa a'butku]

37. Les accessoires personnels

gants (m pl)	пальчаткі (ж мн)	[palʲ'tʃatki]
moufles (f pl)	рукавіцы (ж мн)	[ruka'vitsi]
écharpe (f)	шалік (м)	['ʃalik]

lunettes (f pl)	акуляры (мн)	[aku'lʲari]
monture (f)	аправа (ж)	[a'prava]
parapluie (m)	парасон (м)	[para'sɔn]
canne (f)	палка (ж)	['palka]
brosse (f) à cheveux	шчотка (ж) для валасоў	['ʃɕɔtka dlʲa vala'sɔw]
éventail (m)	веер (м)	['veer]

cravate (f)	гальштук (м)	['halʲʃtuk]
nœud papillon (m)	гальштук-мушка (ж)	['halʲʃtuk 'muʃka]
bretelles (f pl)	шлейкі (мн)	['ʃlejki]
mouchoir (m)	насоўка (ж)	[na'sɔwka]

peigne (m)	грабянец (м)	[hrabʲa'nets]
barrette (f)	заколка (ж)	[za'kɔlka]
épingle (f) à cheveux	шпілька (ж)	['ʃpilʲka]
boucle (f)	спражка (ж)	['spraʃka]

ceinture (f)	пояс (м)	['pɔʲas]
bandoulière (f)	рэмень (м)	['rɛmenʲ]

sac (m)	сумка (ж)	['sumka]
sac (m) à main	сумачка (ж)	['sumatʃka]
sac (m) à dos	рукзак (м)	[ruɡ'zak]

38. Les vêtements. Divers

mode (f)	мода (ж)	['mɔda]
à la mode (adj)	модны	['mɔdni]

couturier, créateur de mode	мадэльер (м)	[madɛ'lʲer]
col (m)	каўнер (м)	[kaw'ner]
poche (f)	кішэня (ж)	[ki'ʃɛnʲa]
de poche (adj)	кішэнны	[ki'ʃɛnnɨ]
manche (f)	рукаў (м)	[ru'kaw]
bride (f)	вешалка (ж)	['veʃalka]
braguette (f)	прарэх (м)	[pra'rɛh]
fermeture (f) à glissière	маланка (ж)	[ma'lanka]
agrafe (f)	зашпілька (ж)	[za'ʃpilʲka]
bouton (m)	гузік (м)	['ɦuzik]
boutonnière (f)	прарэшак (м)	[pra'rɛʃak]
s'arracher (bouton)	адарвацца	[adar'vatsa]
coudre (vi, vt)	шыць	['ʃɨtsʲ]
broder (vt)	вышываць	[vɨʃɨ'vatsʲ]
broderie (f)	вышыўка (ж)	['vɨʃɨwka]
aiguille (f)	іголка (ж)	[i'ɦolka]
fil (m)	нітка (ж)	['nitka]
couture (f)	шво (н)	['ʃvɔ]
se salir (vp)	запэцкацца	[za'pɛtskatsa]
tache (f)	пляма (ж)	['plʲama]
se froisser (vp)	памяцца	[pa'mʲatsa]
déchirer (vt)	падраць	[pad'ratsʲ]
mite (f)	моль (ж)	['mɔlʲ]

39. L'hygiène corporelle. Les cosmétiques

dentifrice (m)	зубная паста (ж)	[zub'naʲa 'pasta]
brosse (f) à dents	зубная шчотка (ж)	[zub'naʲa 'ʃʧɔtka]
se brosser les dents	чысціць зубы	[ʧɨsʲ'tsitsʲ zu'bɨ]
rasoir (m)	брытва (ж)	['brɨtva]
crème (f) à raser	крэм (м) для галення	['krɛm dlʲa ɦa'lɛnnʲa]
se raser (vp)	галіцца	[ɦa'litsa]
savon (m)	мыла (н)	['mɨla]
shampooing (m)	шампунь (м)	[ʃam'punʲ]
ciseaux (m pl)	нажніцы (мн)	[naʒ'nitsɨ]
lime (f) à ongles	пілачка (ж) для пазногцяў	['pilaʧka dlʲa paz'nɔɦtsʲaw]
pinces (f pl) à ongles	шчыпчыкі (мн)	['ʃʧɨpʧɨki]
pince (f) à épiler	пінцэт (м)	[pin'tsɛt]
produits (m pl) de beauté	касметыка (ж)	[kas'metɨka]
masque (m) de beauté	маска (ж)	['maska]
manucure (f)	манікюр (м)	[mani'kʉr]

se faire les ongles	рабіць манікюр	[ra'bitsʲ mani'kʉr]
pédicurie (f)	педыкюр (m)	[pedi'kʉr]
trousse (f) de toilette	касметычка (ж)	[kasme'titʃka]
poudre (f)	пудра (ж)	['pudra]
poudrier (m)	пудраніца (ж)	['pudranitsa]
fard (m) à joues	румяны (мн)	[ru'mʲani]
parfum (m)	парфума (ж)	[par'fuma]
eau (f) de toilette	туалетная вада (ж)	[tua'letnaʲa va'da]
lotion (f)	ласьён (m)	[la'sjɔn]
eau de Cologne (f)	адэкалон (m)	[adɛka'lɔn]
fard (m) à paupières	цені (m мн) для павек	['tseni dlʲa pa'vek]
crayon (m) à paupières	аловак (m) для вачэй	[a'lɔvaɦ dlʲa va'tʃɛj]
mascara (m)	туш (ж)	['tuʃ]
rouge (m) à lèvres	губная памада (ж)	[ɦub'naʲa pa'mada]
vernis (m) à ongles	лак (m) для пазногцяў	['laɦ dlʲa paz'nɔɦtsʲaw]
laque (f) pour les cheveux	лак (m) для валасоў	['laɦ dlʲa vala'sɔw]
déodorant (m)	дэзадарант (m)	[dɛzada'rant]
crème (f)	крэм (m)	['krɛm]
crème (f) pour le visage	крэм (m) для твару	['krɛm dlʲa 'tvaru]
crème (f) pour les mains	крэм (m) для рук	['krɛm dlʲa 'ruk]
crème (f) anti-rides	крэм (m) супраць зморшчын	['krɛm 'supratsʲ 'zmɔrʃçin]
crème (f) de jour	дзённы крэм (m)	['dzʲonni 'krɛm]
crème (f) de nuit	начны крэм (m)	[natʃ'ni 'krɛm]
de jour (adj)	дзённы	['dzʲonni]
de nuit (adj)	начны	[natʃ'ni]
tampon (m)	тампон (m)	[tam'pɔn]
papier (m) de toilette	туалетная папера (ж)	[tua'letnaʲa pa'pera]
sèche-cheveux (m)	фен (m)	['fen]

40. Les montres. Les horloges

montre (f)	гадзіннік (m)	[ɦa'dzinnik]
cadran (m)	цыферблат (m)	[tsifer'blat]
aiguille (f)	стрэлка (ж)	['strɛlka]
bracelet (m)	бранзалет (m)	[branza'let]
bracelet (m) (en cuir)	раменьчык (m)	[ra'menʲtʃik]
pile (f)	батарэйка (ж)	[bata'rɛjka]
être déchargé	сесці	['sesʲtsi]
changer de pile	памяняць батарэйку	[pamʲa'nʲatsʲ bata'rɛjku]
avancer (vi)	спяшацца	[spʲa'ʃatsa]
retarder (vi)	адставаць	[atsta'vatsʲ]
pendule (f)	гадзіннік (m) насценны	[ɦa'dzinnik nas'tsenni]

sablier (m)	гадзіннік (м) пясочны	[ɦaˈʣinnik pʲaˈsɔt͡ʃnʲi]
cadran (m) solaire	гадзіннік (м) сонечны	[ɦaˈʣinnik ˈsɔnet͡ʃnʲi]
réveil (m)	будзільнік (м)	[buˈʣilʲnik]
horloger (m)	гадзіншчык (м)	[ɦaˈʣinʃt͡ɕik]
réparer (vt)	рамантаваць	[ramantaˈvat͡sʲ]

L'EXPÉRIENCE QUOTIDIENNE

T&P Books Publishing

argent (m)	грошы (мн)	['ɦrɔʃi]
échange (m)	абмен (м)	[ab'men]
cours (m) de change	курс (м)	['kurs]
distributeur (m)	банкамат (м)	[banka'mat]
monnaie (f)	манета (ж)	[ma'neta]
dollar (m)	долар (м)	['dɔlar]
euro (m)	еўра (м)	['ewra]
lire (f)	ліра (ж)	['lira]
mark (m) allemand	марка (ж)	['marka]
franc (m)	франк (м)	['frank]
livre sterling (f)	фунт (м) стэрлінгаў	['funt 'stɛrlinɦaw]
yen (m)	іена (ж)	[i'ena]
dette (f)	доўг (м)	['dɔwɦ]
débiteur (m)	даўжнік (м)	[dawʒ'nik]
prêter (vt)	даць у доўг	['datsʲ u 'dɔwɦ]
emprunter (vt)	узяць у доўг	[u'zʲatsʲ u 'dɔwɦ]
banque (f)	банк (м)	['bank]
compte (m)	рахунак (м)	[ra'hunak]
verser (dans le compte)	пакласці	[pa'klasʲtsi]
verser dans le compte	пакласці на рахунак	[pa'klasʲtsi na ra'hunak]
retirer du compte	зняць з рахунку	['znʲatsʲ z ra'hunku]
carte (f) de crédit	крэдытная картка (ж)	[krɛ'ditnaʲa 'kartka]
espèces (f pl)	гатоўка (ж)	[ɦa'tɔwka]
chèque (m)	чэк (м)	['tʃɛk]
faire un chèque	выпісаць чэк	['vipisatsʲ 'tʃɛk]
chéquier (m)	чэкавая кніжка (ж)	['tʃɛkavaʲa 'kniʃka]
portefeuille (m)	бумажнік (м)	[bu'maʒnik]
bourse (f)	кашалёк (м)	[kaʃa'lʲok]
coffre fort (m)	сейф (м)	['sejf]
héritier (m)	спадчыннік (м)	['spatʃinnik]
héritage (m)	спадчына (ж)	['spatʃina]
fortune (f)	маёмасць (ж)	['maʲomastsʲ]
location (f)	арэнда (ж)	[a'rɛnda]
loyer (m) (argent)	кватэрная плата (ж)	[kva'tɛrnaʲa 'plata]
louer (prendre en location)	наймаць	[naj'matsʲ]
prix (m)	цана (ж)	[tsa'na]

coût (m)	кошт (м)	['kɔʃt]
somme (f)	сума (ж)	['suma]
dépenser (vt)	траціць	['tratsitsʲ]
dépenses (f pl)	выдаткі (м мн)	[vɨ'datki]
économiser (vt)	эканоміць	[ɛka'nɔmitsʲ]
économe (adj)	эканомны	[ɛka'nɔmnɨ]
payer (régler)	плаціць	[pla'tsitsʲ]
paiement (m)	аплата (ж)	[a'plata]
monnaie (f) (rendre la ~)	рэшта (ж)	['rɛʃta]
impôt (m)	падатак (м)	[pa'datak]
amende (f)	штраф (м)	['ʃtraf]
mettre une amende	штрафаваць	[ʃtrafa'vatsʲ]

42. La poste. Les services postaux

poste (f)	пошта (ж)	['pɔʃta]
courrier (m) (lettres, etc.)	пошта (ж)	['pɔʃta]
facteur (m)	паштальён (м)	[paʃta'lʲɔn]
heures (f pl) d'ouverture	гадзіны (ж мн) працы	[ɦa'dzinɨ 'pratsɨ]
lettre (f)	ліст (м)	['list]
recommandé (m)	заказны ліст (м)	[zakaz'nɨ 'list]
carte (f) postale	паштоўка (ж)	[paʃ'towka]
télégramme (m)	тэлеграма (ж)	[tɛle'ɦrama]
colis (m)	пасылка (ж)	[pa'sɨlka]
mandat (m) postal	грашовы перавод (м)	[ɦra'ʃovɨ pera'vɔt]
recevoir (vt)	атрымаць	[atrɨ'matsʲ]
envoyer (vt)	адправіць	[at'pravitsʲ]
envoi (m)	адпраўка (ж)	[at'prawka]
adresse (f)	адрас (м)	['adras]
code (m) postal	індэкс (м)	['indɛks]
expéditeur (m)	адпраўшчык (м)	[at'prawʃ͡ɕɨk]
destinataire (m)	атрымальнік (м)	[atrɨ'malʲnik]
prénom (m)	імя (н)	[i'mʲa]
nom (m) de famille	прозвішча (н)	['prɔzʲviʃ͡ɕa]
tarif (m)	тарыф (м)	[ta'rɨf]
normal (adj)	звычайны	[zvɨ'tʃajnɨ]
économique (adj)	эканамічны	[ɛkana'mitʃnɨ]
poids (m)	вага (ж)	[va'ɦa]
peser (~ les lettres)	узважваць	[uz'vaʒvatsʲ]
enveloppe (f)	канверт (м)	[kan'vert]
timbre (m)	марка (ж)	['marka]

43. Les opérations bancaires

banque (f)	банк (м)	['bank]
agence (f) bancaire	аддзяленне (н)	[adzʲaˈlenne]
conseiller (m)	кансультант (м)	[kansulʲˈtant]
gérant (m)	загадчык (м)	[zaˈɦatʃik]
compte (m)	рахунак (м)	[raˈhunak]
numéro (m) du compte	нумар (м) рахунку	['numar raˈhunku]
compte (m) courant	бягучы рахунак (м)	[bʲaˈɦutʃi raˈhunak]
compte (m) sur livret	назапашвальны рахунак (м)	[nazaˈpaʃvalʲnʲi raˈhunak]
ouvrir un compte	адкрыць рахунак	[atkˈritsʲ raˈhunak]
clôturer le compte	закрыць рахунак	[zaˈkritsʲ raˈhunak]
verser dans le compte	пакласці на рахунак	[paˈklasʲtsi na raˈhunak]
retirer du compte	зняць з рахунку	['znʲatsʲ z raˈhunku]
dépôt (m)	уклад (м)	[uˈklat]
faire un dépôt	зрабіць уклад	[zraˈbitsʲ uˈklat]
virement (m) bancaire	пeравод (м)	[peraˈvot]
faire un transfert	зрабіць перавод	[zraˈbitsʲ peraˈvot]
somme (f)	сума (ж)	['suma]
Combien?	Колькі?	['kolʲki]
signature (f)	подпіс (м)	['potpis]
signer (vt)	падпісаць	[patpiˈsatsʲ]
carte (f) de crédit	крэдытная картка (ж)	[krɛˈditnaʲa 'kartka]
code (m)	код (м)	['kot]
numéro (m) de carte de crédit	нумар (м) крэдытнай карткі	['numar krɛˈditnaj 'kartki]
distributeur (m)	банкамат (м)	[bankaˈmat]
chèque (m)	чэк (м)	['tʃɛk]
faire un chèque	выпісаць чэк	['vipisatsʲ 'tʃɛk]
chéquier (m)	чэкавая кніжка (ж)	['tʃɛkavaʲa 'kniʃka]
crédit (m)	крэдыт (м)	[krɛˈdit]
demander un crédit	звяртацца па крэдыт	[zvʲarˈtatsa pa krɛˈdit]
prendre un crédit	браць крэдыт	['bratsʲ krɛˈdit]
accorder un crédit	даваць крэдыт	[daˈvatsʲ krɛˈdit]
gage (m)	гарантыя (ж)	[ɦaˈrantiʲa]

44. Le téléphone. La conversation téléphonique

téléphone (m)	тэлефон (м)	[tɛleˈfon]
portable (m)	мабільны тэлефон (м)	[maˈbilʲnʲi tɛleˈfon]

répondeur (m)	аўтаадказчык (м)	[awtaat'kaʃɕik]
téléphoner, appeler	тэлефанаваць	[tɛlefana'vatsʲ]
appel (m)	тэлефанаванне (н)	[tɛlefana'vanne]
composer le numéro	набраць нумар	[nab'ratsʲ 'numar]
Allô!	алё!	[a'lʲo]
demander (~ l'heure)	спытаць	[spɨ'tatsʲ]
répondre (vi, vt)	адказаць	[atka'zatsʲ]
entendre (bruit, etc.)	чуць	['tʃutsʲ]
bien (adv)	добра	['dobra]
mal (adv)	дрэнна	['drɛnna]
bruits (m pl)	перашкоды (ж мн)	[pera'ʃkodɨ]
récepteur (m)	трубка (ж)	['trupka]
décrocher (vt)	зняць трубку	['znʲatsʲ 'trupku]
raccrocher (vi)	пакласці трубку	[pa'klasʲtsi 'trupku]
occupé (adj)	заняты	[za'nʲatɨ]
sonner (vi)	званіць	[zva'nitsʲ]
carnet (m) de téléphone	тэлефонная кніга (ж)	[tɛle'fonnaʲa 'kniha]
local (adj)	мясцовы	[mʲas'tsovɨ]
appel (m) local	мясцовы званок (м)	[mʲas'tsovɨ zva'nok]
interurbain (adj)	міжгародні	[miʒha'rodni]
appel (m) interurbain	міжгародні званок (м)	[miʒha'rodni zva'nok]
international (adj)	міжнародны	[miʒna'rodnɨ]
appel (m) international	міжнародны званок (м)	[miʒna'rodnɨ zva'nok]

45. Le téléphone portable

portable (m)	мабільны тэлефон (м)	[ma'bilʲnɨ tɛle'fon]
écran (m)	дысплей (м)	[dis'plej]
bouton (m)	кнопка (ж)	['knopka]
carte SIM (f)	SIM-картка (ж)	[sim'kartka]
pile (f)	батарэя (ж)	[bata'rɛʲa]
être déchargé	разрадзіцца	[razra'dzitsa]
chargeur (m)	зарадная прылада (ж)	[za'radnaʲa prɨ'lada]
menu (m)	меню (н)	[me'nʉ]
réglages (m pl)	наладкі (ж мн)	[na'latki]
mélodie (f)	мелодыя (ж)	[me'lodʲʲa]
sélectionner (vt)	выбраць	['vɨbratsʲ]
calculatrice (f)	калькулятар (м)	[kalʲku'lʲatar]
répondeur (m)	галасавая пошта (ж)	[ɦalasa'vaja 'poʃta]
réveil (m)	будзільнік (м)	[bu'dzilʲnik]
contacts (m pl)	тэлефонная кніга (ж)	[tɛle'fonnaʲa 'kniha]
SMS (m)	SMS-паведамленне (н)	[ɛsɛ'mɛs pavedam'lenne]
abonné (m)	абанент (м)	[aba'nent]

46. La papeterie

stylo (m) à bille	аўтаручка (ж)	[awta'rutʃka]
stylo (m) à plume	ручка (ж) пёравая	['rutʃka 'pʲoravaʲa]
crayon (m)	аловак (м)	[a'lɔvak]
marqueur (m)	маркёр (м)	[mar'kʲor]
feutre (m)	фламастэр (м)	[fla'mastɛr]
bloc-notes (m)	блакнот (м)	[blak'nɔt]
agenda (m)	штодзённік (м)	[ʃtɔ'dzʲonnik]
règle (f)	лінейка (ж)	[li'nejka]
calculatrice (f)	калькулятар (м)	[kalʲku'lʲatar]
gomme (f)	сцірка (ж)	['stsirka]
punaise (f)	кнопка (ж)	['knɔpka]
trombone (m)	сашчэпка (ж)	[sa'ʃɕɛpka]
colle (f)	клей (м)	['klej]
agrafeuse (f)	стэплер (м)	['stɛpler]
perforateur (m)	дзіркакол (м)	[dzirka'kɔl]
taille-crayon (m)	тачылка (ж)	[ta'tʃɨlka]

47. Les langues étrangères

langue (f)	мова (ж)	['mɔva]
étranger (adj)	замежны	[za'meʒnɨ]
langue (f) étrangère	замежная мова (ж)	[za'meʒnaʲa 'mɔva]
étudier (vt)	вывучаць	[vɨvu'tʃatsʲ]
apprendre (~ l'arabe)	вучыць	[vu'tʃɨtsʲ]
lire (vi, vt)	чытаць	[tʃɨ'tatsʲ]
parler (vi, vt)	гаварыць	[hava'rɨtsʲ]
comprendre (vt)	разумець	[razu'metsʲ]
écrire (vt)	пісаць	[pi'satsʲ]
vite (adv)	хутка	['hutka]
lentement (adv)	павольна	[pa'volʲna]
couramment (adv)	лёгка	['lʲoɦka]
règles (f pl)	правілы (н мн)	['pravilɨ]
grammaire (f)	граматыка (ж)	[ɦra'matɨka]
vocabulaire (m)	лексіка (ж)	['leksika]
phonétique (f)	фанетыка (ж)	[fa'netɨka]
manuel (m)	падручнік (м)	[pad'rutʃnik]
dictionnaire (m)	слоўнік (м)	['slɔwnik]
manuel (m) autodidacte	самавучыцель (м)	[samavu'tʃɨtselʲ]
guide (m) de conversation	размоўнік (м)	[raz'mɔwnik]

cassette (f)	касета (ж)	[ka'seta]
cassette (f) vidéo	відэакасета (ж)	['vidɛa ka'seta]
CD (m)	кампакт-дыск (м)	[kam'pakt 'dɨsk]
DVD (m)	DVD (м)	[dʑiwi'dʑi]
alphabet (m)	алфавіт (м)	[alfa'vit]
épeler (vt)	гаварыць па літарах	[ɦava'ritsʲ pa 'litarah]
prononciation (f)	вымаўленне (н)	[vɨmaw'lenne]
accent (m)	акцэнт (м)	[ak'tsɛnt]
avec un accent	з акцэнтам	[z ak'tsɛntam]
sans accent	без акцэнту	[bez ak'tsɛntu]
mot (m)	слова (н)	['slɔva]
sens (m)	сэнс (м)	['sɛns]
cours (m pl)	курсы (м мн)	['kursɨ]
s'inscrire (vp)	запісацца	[zapi'satsa]
professeur (m) (~ d'anglais)	выкладчык (м)	[vɨk'latʃɨk]
traduction (f) (action)	пераклад (м)	[pera'klat]
traduction (f) (texte)	пераклад (м)	[pera'klat]
traducteur (m)	перакладчык (м)	[pera'klatʃɨk]
interprète (m)	перакладчык (м)	[pera'klatʃɨk]
polyglotte (m)	паліглот (м)	[pali'ɦlɔt]
mémoire (f)	памяць (ж)	['pamʲatsʲ]

T&P BOOKS

LES REPAS.
LE RESTAURANT

T&P Books Publishing

48. Le dressage de la table

cuillère (f)	лыжка (ж)	['liʃka]
couteau (m)	нож (м)	['nɔʃ]
fourchette (f)	відэлец (м)	[vi'dɛleʦ]
tasse (f)	кубак (м)	['kubak]
assiette (f)	талерка (ж)	[ta'lerka]
soucoupe (f)	сподак (м)	['spɔdak]
serviette (f)	сурвэтка (ж)	[sur'vɛtka]
cure-dent (m)	зубачыстка (ж)	[zuba'ʧistka]

49. Le restaurant

restaurant (m)	рэстаран (м)	[rɛsta'ran]
salon (m) de café	кавярня (ж)	[ka'vʲarnʲa]
bar (m)	бар (м)	['bar]
salon (m) de thé	чайны салон (м)	['ʧajnɨ sa'lɔn]
serveur (m)	афіцыянт (м)	[afiʦi'ʲant]
serveuse (f)	афіцыянтка (ж)	[afiʦi'ʲantka]
barman (m)	бармэн (м)	[bar'mɛn]
carte (f)	меню (н)	[me'nʉ]
carte (f) des vins	карта (ж) вінаў	['karta 'vinaw]
réserver une table	забраніраваць столік	[zabra'niravaʦ 'stɔlik]
plat (m)	страва (ж)	['strava]
commander (vt)	заказаць	[zaka'zaʦ]
faire la commande	зрабіць заказ	[zra'biʦ za'kas]
apéritif (m)	аперытыў (м)	[aperi'tiw]
hors-d'œuvre (m)	закуска (ж)	[za'kuska]
dessert (m)	дэсерт (м)	[dɛ'sert]
addition (f)	рахунак (м)	[ra'hunak]
régler l'addition	аплаціць рахунак	[apla'ʦiʦ ra'hunak]
rendre la monnaie	даць рэшту	['daʦ 'rɛʃtu]
pourboire (m)	чаявыя (мн)	[ʧaʲa'vʲʲa]

50. Les repas

nourriture (f)	ежа (ж)	['eʒa]
manger (vi, vt)	есці	['esʲʦi]

petit déjeuner (m)	сняданак (м)	[snʲa'danak]
prendre le petit déjeuner	снедаць	['snedatsʲ]
déjeuner (m)	абед (м)	[a'bet]
déjeuner (vi)	абедаць	[a'bedatsʲ]
dîner (m)	вячэра (ж)	[vʲa'tʃɛra]
dîner (vi)	вячэраць	[vʲa'tʃɛratsʲ]

| appétit (m) | апетыт (м) | [ape'tit] |
| Bon appétit! | Смачна есці! | [smatʃna 'esʲtsi] |

ouvrir (vt)	адкрываць	[atkri'vatsʲ]
renverser (liquide)	разліць	[raz'litsʲ]
se renverser (liquide)	разліцца	[raz'litsa]

bouillir (vi)	кіпець	[ki'petsʲ]
faire bouillir	кіпяціць	[kipʲa'tsitsʲ]
bouilli (l'eau ~e)	кіпячоны	[kipʲa'tʃoni]
refroidir (vt)	астудзіць	[astu'dzitsʲ]
se refroidir (vp)	астуджвацца	[as'tudʒvatsa]

| goût (m) | смак (м) | ['smak] |
| arrière-goût (m) | прысмак (м) | ['prismak] |

suivre un régime	худзець	[hu'dzetsʲ]
régime (m)	дыета (ж)	[di'eta]
vitamine (f)	вітамін (м)	[vita'min]
calorie (f)	калорыя (ж)	[ka'lɔrʲʲa]
végétarien (m)	вегетарыянец (м)	[veɦetariʲʲanets]
végétarien (adj)	вегетарыянскі	[veɦetariʲʲanski]

lipides (m pl)	тлушчы (м мн)	[tlu'ʃʲi]
protéines (f pl)	бялкі (м мн)	[bʲal'ki]
glucides (m pl)	вугляводы (м мн)	[vuɦlʲa'vɔdi]
tranche (f)	лустачка (ж)	['lustatʃka]
morceau (m)	кавалак (м)	[ka'valak]
miette (f)	крошка (ж)	['krɔʃka]

51. Les plats cuisinés

plat (m)	страва (ж)	['strava]
cuisine (f)	кухня (ж)	['kuhnʲa]
recette (f)	рэцэпт (м)	[rɛ'tsɛpt]
portion (f)	порцыя (ж)	['pɔrtsiʲa]

| salade (f) | салата (ж) | [sa'lata] |
| soupe (f) | суп (м) | ['sup] |

bouillon (m)	булён (м)	[bu'lʲon]
sandwich (m)	бутэрброд (м)	[butɛr'brot]
les œufs brouillés	яечня (ж)	[ʲa'etʃnʲa]

| hamburger (m) | гамбургер (м) | ['ɦamburɦer] |
| steak (m) | біфштэкс (м) | [bifʲʃtɛks] |

garniture (f)	гарнір (м)	[ɦarʲnir]
spaghettis (m pl)	спагеці (мн)	[spaʲɦetsi]
purée (f)	бульбянае пюрэ (н)	[bulʲbʲaʲnɔe pʉʲrɛ]
pizza (f)	піца (ж)	['pitsa]
bouillie (f)	каша (ж)	['kaʃa]
omelette (f)	амлет (м)	[am'let]

cuit à l'eau (adj)	вараны	['varanɨ]
fumé (adj)	вэнджаны	['vɛndʒanɨ]
frit (adj)	смажаны	['smaʒanɨ]
sec (adj)	сушаны	['suʃanɨ]
congelé (adj)	замарожаны	[zama'rɔʒanɨ]
mariné (adj)	марынаваны	[marina'vanɨ]

sucré (adj)	салодкі	[sa'lɔtki]
salé (adj)	салёны	[sa'lʲoni]
froid (adj)	халодны	[ha'lɔdnɨ]
chaud (adj)	гарачы	[ɦa'ratʃi]
amer (adj)	горкі	['ɦorki]
bon (savoureux)	смачны	['smatʃnɨ]

cuire à l'eau	варыць	[va'ritsʲ]
préparer (le dîner)	гатаваць	[ɦata'vatsʲ]
faire frire	смажыць	['smaʒitsʲ]
réchauffer (vt)	разаграваць	[razaɦra'vatsʲ]

saler (vt)	саліць	[sa'litsʲ]
poivrer (vt)	перчыць	['pertʃitsʲ]
râper (vt)	драць	['dratsʲ]
peau (f)	лупіна (ж)	[lu'pina]
éplucher (vt)	абіраць	[abi'ratsʲ]

52. Les aliments

viande (f)	мяса (н)	['mʲasa]
poulet (m)	курыца (ж)	['kuritsa]
poulet (m) (poussin)	кураня (н)	[kura'nʲa]
canard (m)	качка (ж)	['katʃka]
oie (f)	гусь (ж)	['ɦusʲ]
gibier (m)	дзічына (ж)	[dzi'tʃina]
dinde (f)	індычка (ж)	[in'ditʃka]

du porc	свініна (ж)	[svi'nina]
du veau	цяляціна (ж)	[tsʲalʲa'litsina]
du mouton	бараніна (ж)	[ba'ranina]
du bœuf	ялавічына (ж)	['ʲalavitʃina]
lapin (m)	трус (м)	['trus]

saucisson (m)	каўбаса (ж)	[kawba'sa]
saucisse (f)	сасіска (ж)	[sa'siska]
bacon (m)	бекон (м)	[be'kɔn]
jambon (m)	вяндліна (ж)	[vʲand'lina]
cuisse (f)	кумпяк (м)	[kum'pʲak]
pâté (m)	паштэт (м)	[paʃ'tɛt]
foie (m)	печань (ж)	['petʃanʲ]
farce (f)	фарш (м)	['farʃ]
langue (f)	язык (м)	[ʲa'zik]
œuf (m)	яйка (н)	['ʲajka]
les œufs	яйкі (н мн)	['ʲajki]
blanc (m) d'œuf	бялок (м)	[bʲa'lɔk]
jaune (m) d'œuf	жаўток (м)	[ʒaw'tɔk]
poisson (m)	рыба (ж)	['riba]
fruits (m pl) de mer	морапрадукты (м мн)	[mɔrapra'dukti]
crustacés (m pl)	ракападобныя (мн)	[rakapa'dobnʲʲa]
caviar (m)	ікра (ж)	[ik'ra]
crabe (m)	краб (м)	['krap]
crevette (f)	крэветка (ж)	[krɛ'vetka]
huître (f)	вустрыца (ж)	['vustritsa]
langoustine (f)	лангуст (м)	[lan'ɦust]
poulpe (m)	васьміног (м)	[vasʲmi'nɔɦ]
calamar (m)	кальмар (м)	[kalʲ'mar]
esturgeon (m)	асятрына (ж)	[asʲa'trina]
saumon (m)	ласось (м)	[la'sɔsʲ]
flétan (m)	палтус (м)	['paltus]
morue (f)	траска (ж)	[tras'ka]
maquereau (m)	скумбрыя (ж)	['skumbriʲa]
thon (m)	тунец (м)	[tu'nets]
anguille (f)	вугор (м)	[vu'ɦor]
truite (f)	стронга (ж)	['strɔnɦa]
sardine (f)	сардзіна (ж)	[sar'dzina]
brochet (m)	шчупак (м)	[ʃɕu'pak]
hareng (m)	селядзец (м)	[selʲa'dzets]
pain (m)	хлеб (м)	['hlep]
fromage (m)	сыр (м)	['sir]
sucre (m)	цукар (м)	['tsukar]
sel (m)	соль (ж)	['sɔlʲ]
riz (m)	рыс (м)	['ris]
pâtes (m pl)	макарона (ж)	[maka'rɔna]
nouilles (f pl)	локшына (ж)	['lɔkʃina]
beurre (m)	масла (н)	['masla]
huile (f) végétale	алей (м)	[a'lej]

huile (f) de tournesol	сланечнікавы алей (м)	[sla'netʃnikavɨ a'lej]
margarine (f)	маргарын (м)	[marɦa'rɨn]
olives (f pl)	алівы (ж мн)	[a'livɨ]
huile (f) d'olive	алей (м) аліўкавы	[a'lej a'liwkavɨ]
lait (m)	малако (н)	[mala'kɔ]
lait (m) condensé	згушчанае малако (н)	['zɦuʃɕanae mala'kɔ]
yogourt (m)	ёгурт (м)	['ioɦurt]
crème (f) aigre	смятана (ж)	[smʲa'tana]
crème (f) (de lait)	вяршкі (мн)	[vʲar'ʃki]
sauce (f) mayonnaise	маянэз (м)	[maʲa'nɛs]
crème (f) au beurre	крэм (м)	['krɛm]
gruau (m)	крупы (мн)	['krupɨ]
farine (f)	мука (ж)	[mu'ka]
conserves (f pl)	кансервы (ж мн)	[kan'servɨ]
pétales (m pl) de maïs	кукурузныя шматкі (м мн)	[kuku'ruznɨʲa ʃmat'ki]
miel (m)	мёд (м)	['mʲot]
confiture (f)	джэм (м)	['dʒɛm]
gomme (f) à mâcher	жавальная гумка (ж)	[ʒa'valʲnaʲa 'ɦumka]

53. Les boissons

eau (f)	вада (ж)	[va'da]
eau (f) potable	пітная вада (ж)	[pit'naʲa va'da]
eau (f) minérale	мінеральная вада (ж)	[mine'ralʲnaʲa va'da]
plate (adj)	без газу	[bʲaz 'ɦazu]
gazeuse (l'eau ~)	газіраваны	[ɦazira'vanɨ]
pétillante (adj)	з газам	[z 'ɦazam]
glace (f)	лёд (м)	['lʲot]
avec de la glace	з лёдам	[zʲ 'lʲodam]
sans alcool	безалкагольны	[bezalka'ɦɔlʲni]
boisson (f) non alcoolisée	безалкагольны напітак (м)	[bezalka'ɦɔlʲni na'pitak]
rafraîchissement (m)	прахаладжальны напітак (м)	[prahala'dʒalʲni na'pitak]
limonade (f)	ліманад (м)	[lima'nat]
boissons (f pl) alcoolisées	алкагольныя напіткі (м мн)	[alka'ɦɔlʲnɨʲa na'pitki]
vin (m)	віно (н)	[vi'nɔ]
vin (m) blanc	белае віно (н)	['belae vi'nɔ]
vin (m) rouge	чырвонае віно (н)	[tʃɨr'vɔnae vi'nɔ]
liqueur (f)	лікёр (м)	[li'kʲor]
champagne (m)	шампанскае (н)	[ʃam'panskae]

vermouth (m)	вермут (м)	['vermut]
whisky (m)	віскі (н)	['viski]
vodka (f)	гарэлка (ж)	[ɦa'rɛlka]
gin (m)	джын (м)	['ʤin]
cognac (m)	каньяк (м)	[ka'nʲak]
rhum (m)	ром (м)	['rɔm]
café (m)	кава (ж)	['kava]
café (m) noir	чорная кава (ж)	['ʧɔrnaʲa 'kava]
café (m) au lait	кава (ж) з малаком	['kava z mala'kɔm]
cappuccino (m)	кава (ж) з вяршкамі	['kava zʲ vʲarʃʲkami]
café (m) soluble	растваральная кава (ж)	[rastva'ralʲnaʲa 'kava]
lait (m)	малако (н)	[mala'kɔ]
cocktail (m)	кактэйль (м)	[kak'tɛjlʲ]
cocktail (m) au lait	малочны кактэйль (м)	[ma'lɔʧnɨ kak'tɛjlʲ]
jus (m)	сок (м)	['sɔk]
jus (m) de tomate	таматны сок (м)	[ta'matnɨ 'sɔk]
jus (m) d'orange	апельсінавы сок (м)	[apelʲ'sinavɨ 'sɔk]
jus (m) pressé	свежавыціснуты сок (м)	[sveʒa'vɨtsisnutɨ 'sɔk]
bière (f)	піва (н)	['piva]
bière (f) blonde	светлае піва (н)	['svetlae 'piva]
bière (f) brune	цёмнае піва (н)	['tsʲomnae 'piva]
thé (m)	чай (м)	['ʧaj]
thé (m) noir	чорны чай (м)	['ʧɔrnɨ 'ʧaj]
thé (m) vert	зялёны чай (м)	[zʲa'lʲonɨ 'ʧaj]

54. Les légumes

légumes (m pl)	гародніна (ж)	[ɦa'rɔdnina]
verdure (f)	зеляніна (ж)	[zelʲa'nina]
tomate (f)	памідор (м)	[pami'dɔr]
concombre (m)	агурок (м)	[aɦu'rɔk]
carotte (f)	морква (ж)	['mɔrkva]
pomme (f) de terre	бульба (ж)	['bulʲba]
oignon (m)	цыбуля (ж)	[tsɨ'bulʲa]
ail (m)	часнок (м)	[ʧas'nɔk]
chou (m)	капуста (ж)	[ka'pusta]
chou-fleur (m)	квяцістая капуста (ж)	[kvʲa'tsistaʲa ka'pusta]
chou (m) de Bruxelles	брусельская капуста (ж)	[bru'selʲskaʲa ka'pusta]
brocoli (m)	капуста (ж) браколі	[ka'pusta bra'kɔli]
betterave (f)	бурак (м)	[bu'rak]
aubergine (f)	баклажан (м)	[bakla'ʒan]
courgette (f)	кабачок (м)	[kaba'ʧɔk]

| potiron (m) | гарбуз (м) | [ɦar'bus] |
| navet (m) | рэпа (ж) | ['rɛpa] |

persil (m)	пятрушка (ж)	[pʲat'ruʃka]
fenouil (m)	кроп (м)	['krɔp]
laitue (f) (salade)	салата (ж)	[sa'lata]
céleri (m)	сельдэрэй (м)	[selʲdɛ'rɛj]
asperge (f)	спаржа (ж)	['sparʒa]
épinard (m)	шпінат (м)	[ʃpi'nat]

pois (m)	гарох (м)	[ɦa'rɔh]
fèves (f pl)	боб (м)	['bɔp]
maïs (m)	кукуруза (ж)	[kuku'ruza]
haricot (m)	фасоля (ж)	[fa'sɔlʲa]

poivron (m)	перац (м)	['peraʦ]
radis (m)	радыска (ж)	[ra'diska]
artichaut (m)	артышок (м)	[arti'ʃok]

55. Les fruits. Les noix

fruit (m)	фрукт (м)	['frukt]
pomme (f)	яблык (м)	['ʲablik]
poire (f)	груша (ж)	['ɦruʃa]
citron (m)	лімон (м)	[li'mɔn]
orange (f)	апельсін (м)	[apelʲ'sin]
fraise (f)	клубніцы (ж мн)	[klub'niʦi]

mandarine (f)	мандарын (м)	[manda'rin]
prune (f)	сліва (ж)	['sliva]
pêche (f)	персік (м)	['persik]
abricot (m)	абрыкос (м)	[abri'kɔs]
framboise (f)	маліны (ж мн)	[ma'lini]
ananas (m)	ананас (м)	[ana'nas]

banane (f)	банан (м)	[ba'nan]
pastèque (f)	кавун (м)	[ka'vun]
raisin (m)	вінаград (м)	[vina'ɦrat]
cerise (f)	вішня (ж)	['viʃnʲa]
merise (f)	чарэшня (ж)	[ʧa'rɛʃnʲa]
melon (m)	дыня (ж)	['dɨnʲa]

pamplemousse (m)	грэйпфрут (м)	[ɦrɛjp'frut]
avocat (m)	авакада (н)	[ava'kada]
papaye (f)	папайя (ж)	[pa'paʲa]
mangue (f)	манга (н)	['manɦa]
grenade (f)	гранат (м)	[ɦra'nat]

| groseille (f) rouge | чырвоныя парэчкі (ж мн) | [ʧir'vɔnʲʲa pa'rɛʧki] |
| cassis (m) | чорныя парэчкі (ж мн) | ['ʧɔrnʲʲa pa'rɛʧki] |

groseille (f) verte	агрэст (м)	[aɦ'rɛst]
myrtille (f)	чарніцы (ж мн)	[tʃar'nitsi]
mûre (f)	ажыны (ж мн)	[a'ʒini]

raisin (m) sec	разынкі (ж мн)	[ra'zinki]
figue (f)	інжыр (м)	[in'ʒir]
datte (f)	фінік (м)	['finik]

cacahuète (f)	арахіс (м)	[a'rahis]
amande (f)	міндаль (м)	[min'dalʲ]
noix (f)	арэх (м)	[a'rɛh]
noisette (f)	арэх (м)	[a'rɛh]
noix (f) de coco	арэх (м) какосавы	[a'rɛh ka'kɔsavi]
pistaches (f pl)	фісташкі (ж мн)	[fis'taʃki]

56. Le pain. Les confiseries

confiserie (f)	кандытарскія вырабы (м мн)	[kan'ditarskiʲa 'virabi]
pain (m)	хлеб (м)	['hlep]
biscuit (m)	печыва (н)	['petʃiva]

chocolat (m)	шакалад (м)	[ʃaka'lat]
en chocolat (adj)	шакаладны	[ʃaka'ladni]
bonbon (m)	цукерка (ж)	[tsu'kerka]
gâteau (m), pâtisserie (f)	пірожнае (н)	[pi'rɔʒnae]
tarte (f)	торт (м)	['tɔrt]

| gâteau (m) | пірог (м) | [pi'rɔɦ] |
| garniture (f) | начынка (ж) | [na'tʃinka] |

confiture (f)	варэнне (н)	[va'rɛnne]
marmelade (f)	мармелад (м)	[marme'lat]
gaufre (f)	вафлі (ж мн)	['vafli]
glace (f)	марожанае (н)	[ma'rɔʒanae]

57. Les épices

sel (m)	соль (ж)	['sɔlʲ]
salé (adj)	салёны	[sa'lʲoni]
saler (vt)	саліць	[sa'litsʲ]

poivre (m) noir	чорны перац (м)	['tʃorni 'perats]
poivre (m) rouge	чырвоны перац (м)	[tʃir'vɔnɨ 'perats]
moutarde (f)	гарчыца (ж)	[ɦar'tʃitsa]
raifort (m)	хрэн (м)	['hrɛn]
condiment (m)	прыправа (ж)	[prip'rava]
épice (f)	духмяная спецыя (ж)	[duh'mʲanaʲa 'spetsɨʲa]

sauce (f)	соус (м)	['sɔus]
vinaigre (m)	воцат (м)	['vɔʦat]
anis (m)	аніс (м)	[a'nis]
basilic (m)	базілік (м)	[bazi'lik]
clou (m) de girofle	гваздзіка (ж)	[ɦvazʲ'ʣika]
gingembre (m)	імбір (м)	[im'bir]
coriandre (m)	каляндра (ж)	[ka'lʲandra]
cannelle (f)	карыца (ж)	[ka'rɨʦa]
sésame (m)	кунжут (м)	[kun'ʒut]
feuille (f) de laurier	лаўровы ліст (м)	[law'rɔvɨ 'list]
paprika (m)	папрыка (ж)	['paprɨka]
cumin (m)	кмен (м)	['kmen]
safran (m)	шафран (м)	[ʃaf'ran]

BOOKS

LES DONNÉES PERSONNELLES. LA FAMILLE

T&P Books Publishing

58. Les données personnelles. Les formulaires

prénom (m)	імя (н)	[i'mʲa]
nom (m) de famille	прозвішча (н)	['prɔzʲviʃɕa]
date (f) de naissance	дата (ж) нараджэння	['data nara'dʒɛnnʲa]
lieu (m) de naissance	месца (н) нараджэння	['mesʲtsa nara'dʒɛnnʲa]
nationalité (f)	нацыянальнасць (ж)	[natsʲa'nalʲnasʲtsʲ]
domicile (m)	месца (н) жыхарства	['mesʲtsa ʒi'harstva]
pays (m)	краіна (ж)	[kra'ina]
profession (f)	прафесія (ж)	[pra'fesiʲa]
sexe (m)	пол (м)	['pɔl]
taille (f)	рост (м)	['rɔst]
poids (m)	вага (ж)	[va'ɦa]

59. La famille. Les liens de parenté

mère (f)	маці (ж)	['matsi]
père (m)	бацька (м)	['batsʲka]
fils (m)	сын (м)	['sin]
fille (f)	дачка (ж)	[datʃʲka]
fille (f) cadette	малодшая дачка (ж)	[ma'lɔtʃaʲa datʃʲka]
fils (m) cadet	малодшы сын (м)	[ma'lɔtʃi 'sin]
fille (f) aînée	старэйшая дачка (ж)	[sta'rɛjʃaʲa datʃʲka]
fils (m) aîné	старэйшы сын (м)	[sta'rɛjʃi 'sin]
frère (m)	брат (м)	['brat]
frère (m) aîné	старшы брат (м)	['starʃi 'brat]
frère (m) cadet	меншы брат (м)	['menʃi 'brat]
sœur (f)	сястра (ж)	[sʲast'ra]
sœur (f) aînée	старшая сястра (ж)	['starʃaʲa sʲas'tra]
sœur (f) cadette	малодшая сястра (ж)	[ma'lɔtʃaʲa sʲas'tra]
cousin (m)	стрыечны брат (м)	[stri'etʃni 'brat]
cousine (f)	стрыечная сястра (ж)	[stri'etʃnaʲa sʲas'tra]
maman (f)	мама (ж)	['mama]
papa (m)	тата (м)	['tata]
parents (m pl)	бацькі (мн)	[batsʲ'ki]
enfant (m, f)	дзіця (н)	[dzi'tsʲa]
enfants (pl)	дзеці (н мн)	['dzetsi]
grand-mère (f)	бабуля (ж)	[ba'bulʲa]
grand-père (m)	дзядуля (м)	[dzʲa'dulʲa]

petit-fils (m)	унук (м)	[u'nuk]
petite-fille (f)	унучка (ж)	[u'nutʃka]
petits-enfants (pl)	унукі (м мн)	[u'nuki]

oncle (m)	дзядзька (м)	['dzʲatsʲka]
tante (f)	цётка (ж)	['tsʲotka]
neveu (m)	пляменнік (м)	[plʲa'mennik]
nièce (f)	пляменніца (ж)	[plʲa'mennitsa]

belle-mère (f)	цешча (ж)	['tseʃɕa]
beau-père (m)	свёкар (м)	['svʲokar]
gendre (m)	зяць (м)	['zʲatsʲ]
belle-mère (f)	мачаха (ж)	['matʃaha]
beau-père (m)	айчым (м)	[aj'tʃɨm]

nourrisson (m)	грудное дзіця (н)	[ɦrud'nɔe dzi'tsʲa]
bébé (m)	немаўля (н)	[nemaw'lʲa]
petit (m)	малыш (м)	[ma'lɨʃ]

femme (f)	жонка (ж)	['ʒɔnka]
mari (m)	муж (м)	['muʃ]
époux (m)	муж (м)	['muʃ]
épouse (f)	жонка (ж)	['ʒɔnka]

marié (adj)	жанаты	[ʒa'natɨ]
mariée (adj)	замужняя	[za'muʒnæʲa]
célibataire (adj)	халасты	[halas'tɨ]
célibataire (m)	халасцяк (м)	[halas'tsʲak]
divorcé (adj)	разведзены	[raz'vedzenɨ]
veuve (f)	удава (ж)	[u'dava]
veuf (m)	удавец (м)	[uda'vets]

parent (m)	свaяк (м)	[sva'ʲak]
parent (m) proche	блізкі свaяк (м)	[bliski sva'ʲak]
parent (m) éloigné	далёкі свaяк (м)	[da'lʲoki sva'ʲak]
parents (m pl)	свaякі (м мн)	[sva'ʲa'ki]

orphelin (m), orpheline (f)	сірата (м, ж)	[sira'ta]
tuteur (m)	апякун (м)	[apʲa'kun]
adopter (un garçon)	усынавіць	[usɨna'vitsʲ]
adopter (une fille)	удачарыць	[udatʃa'rɨtsʲ]

60. Les amis. Les collègues

ami (m)	сябар (м)	['sʲabar]
amie (f)	сяброўка (ж)	[sʲab'rɔwka]
amitié (f)	сяброўства (н)	[sʲab'rɔwstva]
être ami	сябраваць	[sʲabra'vatsʲ]
copain (m)	прыяцель (м)	['prɨʲatselʲ]
copine (f)	прыяцелька (ж)	['prɨʲatselʲka]

partenaire (m)	**партнёр** (м)	[part'nʲor]
chef (m)	**шэф** (м)	[ˈʃɛf]
supérieur (m)	**начальнік** (м)	[na'ʧalʲnik]
propriétaire (m)	**уладальнік** (м)	[ula'dalʲnik]
subordonné (m)	**падначалены** (м)	[padna'ʧaleni]
collègue (m, f)	**калега** (м, ж)	[ka'leɦa]
connaissance (f)	**знаёмы** (м)	[zna'ʲomi]
compagnon (m) de route	**спадарожнік** (м)	[spada'rɔʒnik]
copain (m) de classe	**аднакласнік** (м)	[adna'klasnik]
voisin (m)	**сусед** (м)	[su'set]
voisine (f)	**суседка** (ж)	[su'setka]
voisins (m pl)	**суседзі** (м мн)	[su'sedzi]

LE CORPS HUMAIN.
LES MÉDICAMENTS

T&P Books Publishing

tête (f)	галава (ж)	[ɦalaˈva]
visage (m)	твар (м)	[ˈtvar]
nez (m)	нос (м)	[ˈnɔs]
bouche (f)	рот (м)	[ˈrɔt]
œil (m)	вока (н)	[ˈvɔka]
les yeux	вочы (н мн)	[ˈvɔt͡ʃɨ]
pupille (f)	зрэнка (ж)	[ˈzrɛnka]
sourcil (m)	брыво (н)	[briˈvɔ]
cil (m)	вейка (ж)	[ˈvejka]
paupière (f)	павека (н)	[paˈveka]
langue (f)	язык (м)	[ʲaˈzik]
dent (f)	зуб (м)	[ˈzup]
lèvres (f pl)	губы (ж мн)	[ˈɦubɨ]
pommettes (f pl)	скулы (ж мн)	[ˈskulɨ]
gencive (f)	дзясна (ж)	[d͡zʲasˈna]
palais (m)	паднябенне (н)	[padnʲaˈbenne]
narines (f pl)	ноздры (ж мн)	[ˈnɔzdrɨ]
menton (m)	падбародак (м)	[padbaˈrɔdak]
mâchoire (f)	сківіца (ж)	[ˈskivit͡sa]
joue (f)	шчака (ж)	[ʃɕaˈka]
front (m)	лоб (м)	[ˈlɔp]
tempe (f)	скронь (ж)	[ˈskrɔnʲ]
oreille (f)	вуха (н)	[ˈvuha]
nuque (f)	патыліца (ж)	[paˈtɨlit͡sa]
cou (m)	шыя (ж)	[ˈʃɨʲa]
gorge (f)	горла (н)	[ˈɦɔrla]
cheveux (m pl)	валасы (м мн)	[valaˈsɨ]
coiffure (f)	прычоска (ж)	[priˈt͡ʃɔska]
coupe (f)	стрыжка (ж)	[ˈstrɨʃka]
perruque (f)	парык (м)	[paˈrik]
moustache (f)	вусы (м мн)	[ˈvusɨ]
barbe (f)	барада (ж)	[baraˈda]
porter (~ la barbe)	насіць	[naˈsit͡sʲ]
tresse (f)	каса (ж)	[kaˈsa]
favoris (m pl)	бакенбарды (мн)	[bakenˈbardɨ]
roux (adj)	рыжы	[ˈrɨʒɨ]
gris, grisonnant (adj)	сівы	[siˈvi]

| chauve (adj) | лысы | ['lɨsɨ] |
| calvitie (f) | лысіна (ж) | ['lɨsina] |

| queue (f) de cheval | хвост (м) | ['hvɔst] |
| frange (f) | чубок (м) | [tʃu'bɔk] |

62. Le corps humain

| main (f) | кісць (ж) | ['kistsʲ] |
| bras (m) | рука (ж) | [ru'ka] |

doigt (m)	палец (м)	['palets]
orteil (m)	палец (м)	['palets]
pouce (m)	вялікі палец (м)	[vʲa'liki 'palets]
petit doigt (m)	мезенец (м)	['mezenets]
ongle (m)	пазногаць (м)	[paz'nɔɦatsʲ]

poing (m)	кулак (м)	[ku'lak]
paume (f)	далонь (ж)	[da'lɔnʲ]
poignet (m)	запясце (н)	[za'pʲasʲtse]
avant-bras (m)	перадплечча (н)	[perat'pletʃa]
coude (m)	локаць (м)	['lɔkatsʲ]
épaule (f)	плячо (н)	[plʲa'tʃɔ]

jambe (f)	нага (ж)	[na'ɦa]
pied (m)	ступня (ж)	[stup'nʲa]
genou (m)	калена (н)	[ka'lena]
mollet (m)	лытка (ж)	['lɨtka]

| hanche (f) | сцягно (н) | [stsʲaɦ'nɔ] |
| talon (m) | пятка (ж) | ['pʲatka] |

corps (m)	цела (н)	['tsela]
ventre (m)	жывот (м)	[ʒɨ'vɔt]
poitrine (f)	грудзі (мн)	['ɦrudzi]
sein (m)	грудзі (мн)	['ɦrudzi]
côté (m)	бок (м)	['bɔk]
dos (m)	спіна (ж)	['spina]

| reins (région lombaire) | паясніца (ж) | [pajas'nitsa] |
| taille (f) (~ de guêpe) | талія (ж) | ['talija] |

nombril (m)	пупок (м)	[pu'pɔk]
fesses (f pl)	ягадзіцы (ж мн)	['jaɦadzitsɨ]
derrière (m)	зад (м)	['zat]

grain (m) de beauté	радзімка (ж)	[ra'dzimka]
tache (f) de vin	радзімая пляма (ж)	[ra'dzimaja 'plʲama]
tatouage (m)	татуіроўka (ж)	[tatui'rɔwka]
cicatrice (f)	шрам (м)	['ʃram]

63. Les maladies

maladie (f)	хвароба (ж)	[hva'rɔba]
être malade	хварэць	[hva'rɛtsʲ]
santé (f)	здароўе (н)	[zda'rɔwe]
rhume (m) (coryza)	насмарк (м)	['nasmark]
angine (f)	ангіна (ж)	[an'hina]
refroidissement (m)	прастуда (ж)	[pra'studa]
prendre froid	прастудзіцца	[prastu'dzitsa]
bronchite (f)	бранхіт (м)	[bran'hit]
pneumonie (f)	запаленне (н) лёгкіх	[zapa'lenne 'lʲofɦkih]
grippe (f)	грып (м)	['ɦrip]
myope (adj)	блізарукі	[bliza'ruki]
presbyte (adj)	дальназоркі	[dalʲna'zɔrki]
strabisme (m)	касавокасць (ж)	[kasa'vɔkastsʲ]
strabique (adj)	касавокі	[kasa'vɔki]
cataracte (f)	катаракта (ж)	[kata'rakta]
glaucome (m)	глаўкома (ж)	[ɦlaw'kɔma]
insulte (f)	інсульт (м)	[in'sulʲt]
crise (f) cardiaque	інфаркт (м)	[in'farkt]
infarctus (m) de myocarde	інфаркт (м) міякарда	[in'farkt miʲa'karda]
paralysie (f)	параліч (м)	[para'litʃ]
paralyser (vt)	паралізаваць	[paraliza'vatsʲ]
allergie (f)	алергія (ж)	[aler'ɦiʲa]
asthme (m)	астма (ж)	['astma]
diabète (m)	дыябет (м)	[diʲa'bet]
mal (m) de dents	зубны боль (м)	[zub'nɨ 'bɔlʲ]
carie (f)	карыес (м)	['karies]
diarrhée (f)	дыярэя (ж)	[diʲa'rɛʲa]
constipation (f)	запор (м)	[za'pɔr]
estomac (m) barbouillé	расстройства (н) страўніка	[ras'strɔjstva 'strawnika]
intoxication (f) alimentaire	атручванне (н)	[a'trutʃvanne]
être intoxiqué	атруціцца	[atru'tsitsa]
arthrite (f)	артрыт (м)	[art'rit]
rachitisme (m)	рахіт (м)	[ra'hit]
rhumatisme (m)	рэўматызм (м)	[rɛwma'tizm]
athérosclérose (f)	атэрасклероз (м)	[atɛraskle'rɔs]
gastrite (f)	гастрыт (м)	[ɦas'trit]
appendicite (f)	апендыцыт (м)	[apendi'tsit]
cholécystite (f)	халецыстыт (м)	[haletsis'tit]
ulcère (m)	язва (ж)	['ʲazva]

rougeole (f)	адзёр (м)	[a'dzʲor]
rubéole (f)	краснуха (ж)	[kras'nuha]
jaunisse (f)	жаўтуха (ж)	[ʒaw'tuha]
hépatite (f)	гепатыт (м)	[ɦepa'tɨt]
schizophrénie (f)	шызафрэнія (ж)	[ʃizafrɛ'nʲiʲa]
rage (f) (hydrophobie)	шаленства (н)	[ʃa'lenstva]
névrose (f)	неўроз (м)	[new'rɔs]
commotion (f) cérébrale	страсенне (н) мазгоў	[stra'senne maz'ɦow]
cancer (m)	рак (м)	['rak]
sclérose (f)	склероз (м)	[skle'rɔs]
sclérose (f) en plaques	рассеяны склероз (м)	[ras'seʲanɨ skle'rɔs]
alcoolisme (m)	алкагалізм (м)	[alkaɦa'lizm]
alcoolique (m)	алкаголік (м)	[alka'ɦolik]
syphilis (f)	сіфіліс (м)	['sifilis]
SIDA (m)	СНІД (м)	['snit]
tumeur (f)	пухліна (ж)	[puh'lina]
maligne (adj)	злаякасная	[zlaʲakasnaʲa]
bénigne (adj)	дабраякасная	[dabraʲakasnaʲa]
fièvre (f)	ліхаманка (ж)	[liha'manka]
malaria (f)	малярыя (ж)	[malʲa'rʲiʲa]
gangrène (f)	гангрэна (ж)	[ɦan'ɦrɛna]
mal (m) de mer	марская хвароба (ж)	[mar'skaʲa hva'rɔba]
épilepsie (f)	эпілепсія (ж)	[ɛpi'lepsiʲa]
épidémie (f)	эпідэмія (ж)	[ɛpi'dɛmiʲa]
typhus (m)	тыф (м)	['tɨf]
tuberculose (f)	сухоты (мн)	[su'hotɨ]
choléra (m)	халера (ж)	[ha'lera]
peste (f)	чума (ж)	[ʧu'ma]

64. Les symptômes. Le traitement. Partie 1

symptôme (m)	сімптом (м)	[simp'tɔm]
température (f)	тэмпература (ж)	[tɛmpera'tura]
fièvre (f)	высокая тэмпература (ж)	[vɨ'sɔkaʲa tɛmpera'tura]
pouls (m)	пульс (м)	['pulʲs]
vertige (m)	галавакружэнне (н)	[ɦalava'kruʒɛnne]
chaud (adj)	гарачы	[ɦa'raʧɨ]
frisson (m)	дрыжыкі (мн)	['drɨʒiki]
pâle (adj)	бледны	['blednɨ]
toux (f)	кашаль (м)	['kaʃalʲ]
tousser (vi)	кашляць	['kaʃlʲatsʲ]

éternuer (vi)	чхаць	['tʃhatsʲ]
évanouissement (m)	непрытомнасць (ж)	[nepri'tɔmnastsʲ]
s'évanouir (vp)	страціць прытомнасць	[stratsitsʲ pri'tɔmnastsʲ]

bleu (m)	сіняк (м)	[si'nʲak]
bosse (f)	гуз (м)	['ɦus]
se heurter (vp)	стукнуцца	['stuknutsa]
meurtrissure (f)	выцятае месца (н)	[vitsʲatae 'mestsa]
se faire mal	выцяцца	['vitsʲatsa]

boiter (vi)	кульгаць	[kulʲ'ɦatsʲ]
foulure (f)	звіх (м)	['zʲvih]
se démettre (l'épaule, etc.)	звіхнуць	[zʲvih'nutsʲ]
fracture (f)	пералом (м)	[pera'lɔm]
avoir une fracture	атрымаць пералом	[atri'matsʲ pera'lɔm]

coupure (f)	парэз (м)	[pa'rɛs]
se couper (~ le doigt)	парэзацца	[pa'rɛzatsa]
hémorragie (f)	крывацёк (м)	[kriva'tsʲok]

| brûlure (f) | апёк (м) | [a'pʲok] |
| se brûler (vp) | апячыся | [apʲa'tʃisʲa] |

se piquer (le doigt)	укалоць	[uka'lɔtsʲ]
se piquer (vp)	укалоцца	[uka'lɔtsa]
blesser (vt)	пашкодзіць	[paʃ'kɔdzitsʲ]
blessure (f)	пашкоджанне (н)	[paʃ'kɔdʒanne]
plaie (f) (blessure)	рана (ж)	['rana]
trauma (m)	траўма (ж)	['trawma]

délirer (vi)	трызніць	['trizʲnitsʲ]
bégayer (vi)	заікацца	[zai'katsa]
insolation (f)	сонечны ўдар (м)	['sɔnetʃnі u'dar]

65. Les symptômes. Le traitement. Partie 2

| douleur (f) | боль (м) | ['bɔlʲ] |
| écharde (f) | стрэмка (ж) | ['strɛmka] |

sueur (f)	пот (м)	['pɔt]
suer (vi)	пацець	[pa'tsetsʲ]
vomissement (m)	ваніты (мн)	[va'niti]
spasmes (m pl)	сутаргі (ж мн)	['sutarɦi]

enceinte (adj)	цяжарная	[tsʲa'ʒarnaʲa]
naître (vi)	нарадзіцца	[nara'dzitsa]
accouchement (m)	роды (мн)	['rɔdi]
accoucher (vi)	нараджаць	[nara'dʒatsʲ]
avortement (m)	аборт (м)	[a'bɔrt]
respiration (f)	дыханне (н)	[di'hanne]

inhalation (f)	удых (м)	[u'dɨh]
expiration (f)	выдых (м)	['vɨdɨh]
expirer (vi)	выдыхнуць	['vɨdɨhnutsʲ]
inspirer (vi)	зрабіць удых	[zra'bitsʲ u'dɨh]

invalide (m)	інвалід (м)	[inva'lit]
handicapé (m)	калека (м, ж)	[ka'leka]
drogué (m)	наркаман (м)	[narka'man]

sourd (adj)	глухі	[ɦlu'hi]
muet (adj)	нямы	[nʲa'mɨ]
sourd-muet (adj)	глуханямы	[ɦluhanʲa'mi]

fou (adj)	звар'яцелы	[zvarʲa'tseli]
fou (m)	вар'ят (м)	[va'rʲat]
folle (f)	вар'ятка (ж)	[va'rʲatka]
devenir fou	звар'яцець	[zvarʲa'tsetsʲ]

gène (m)	ген (м)	['ɦen]
immunité (f)	імунітэт (м)	[imuni'tɛt]
héréditaire (adj)	спадчынны	['spatʃinni]
congénital (adj)	прыроджаны	[pri'rɔdʒani]

virus (m)	вірус (м)	['virus]
microbe (m)	мікроб (м)	[mik'rɔp]
bactérie (f)	бактэрыя (ж)	[bak'tɛriʲa]
infection (f)	інфекцыя (ж)	[in'fektsiʲa]

66. Les symptômes. Le traitement. Partie 3

| hôpital (m) | бальніца (ж) | [balʲ'nitsa] |
| patient (m) | пацыент (м) | [patsi'ent] |

diagnostic (m)	дыягназ (м)	[di'ʲaɦnas]
cure (f) (faire une ~)	лячэнне (н)	[lʲa'tʃɛnne]
se faire soigner	лячыцца	[lʲa'tʃitsa]
traiter (un patient)	лячыць	[lʲa'tʃitsʲ]
soigner (un malade)	даглядаць	[daɦlʲa'datsʲ]
soins (m pl)	догляд (м)	['dɔɦlʲat]

opération (f)	аперацыя (ж)	[ape'ratsiʲa]
panser (vt)	перавязаць	[peravʲa'zatsʲ]
pansement (m)	перавязанне (н)	[pera'vʲazvanne]

vaccination (f)	прышчэпка (ж)	[pri'ʃɛpka]
vacciner (vt)	рабіць прышчэпку	[ra'bitsʲ pri'ʃɛpku]
piqûre (f)	укол (м)	[u'kɔl]
faire une piqûre	рабіць укол	[ra'bitsʲ u'kɔl]
crise, attaque (f)	прыступ, прыпадак (м)	[pristup], [pri'padak]
amputation (f)	ампутацыя (ж)	[ampu'tatsiʲa]

amputer (vt)	ампутаваць	[amputa'vatsʲ]
coma (m)	кома (ж)	['kɔma]
être dans le coma	быць у коме	[bitsʲ u 'kɔme]
réanimation (f)	рэанімацыя (ж)	[rɛani'matsɨa]

se rétablir (vp)	папраўляцца	[papraw'lʲatsa]
état (m) (de santé)	стан (м)	['stan]
conscience (f)	прытомнасць (ж)	[pri'tɔmnastsʲ]
mémoire (f)	памяць (ж)	['pamʲatsʲ]

arracher (une dent)	вырываць	[viri'vatsʲ]
plombage (m)	пломба (ж)	['plɔmba]
plomber (vt)	пламбіраваць	[plambira'vatsʲ]

| hypnose (f) | гіпноз (м) | [hip'nɔs] |
| hypnotiser (vt) | гіпнатызаваць | [hipnatiza'vatsʲ] |

67. Les médicaments. Les accessoires

médicament (m)	лякарства (н)	[lʲa'karstva]
remède (m)	сродак (м)	['srɔdak]
prescrire (vt)	прапісаць	[prapi'satsʲ]
ordonnance (f)	рэцэпт (м)	[rɛ'tsɛpt]

comprimé (m)	таблетка (ж)	[tab'letka]
onguent (m)	мазь (ж)	['masʲ]
ampoule (f)	ампула (ж)	['ampula]
mixture (f)	мікстура (ж)	[miks'tura]
sirop (m)	сіроп (м)	[si'rɔp]
pilule (f)	пілюля (ж)	[pi'lʲulʲa]
poudre (f)	парашок (м)	[para'ʃɔk]

bande (f)	бінт (м)	['bint]
coton (m) (ouate)	вата (ж)	['vata]
iode (m)	ёд (м)	['ot]

| sparadrap (m) | лейкапластыр (м) | [lejka'plastir] |
| compte-gouttes (m) | піпетка (ж) | [pi'petka] |

| thermomètre (m) | градуснік (м) | ['hradusnik] |
| seringue (f) | шпрыц (м) | ['ʃprits] |

| fauteuil (m) roulant | каляска (ж) | [ka'lʲaska] |
| béquilles (f pl) | мыліцы (ж мн) | ['militsi] |

anesthésique (m)	абязбольвальнае (н)	[abʲaz'bolʲvalʲnae]
purgatif (m)	слабіцельнае (н)	[sla'bitselʲnae]
alcool (m)	спірт (м)	['spirt]
herbe (f) médicinale	трава (ж)	[tra'va]
d'herbes (adj)	травяны	[travʲa'ni]

L'APPARTEMENT

T&P Books Publishing

68. L'appartement

appartement (m)	кватэра (ж)	[kva'tɛra]
chambre (f)	пакой (м)	[pa'kɔj]
chambre (f) à coucher	спальня (ж)	['spalʲnʲa]
salle (f) à manger	сталоўка (ж)	[sta'lɔwka]
salon (m)	гасцёўня (ж)	[ɦas'tsʲɔwnʲa]
bureau (m)	кабінет (м)	[kabi'net]
antichambre (f)	вітальня (ж)	[vi'talʲnʲa]
salle (f) de bains	ванны пакой (м)	['vannɨ pa'kɔj]
toilettes (f pl)	прыбіральня (ж)	[pribi'ralʲnʲa]
plafond (m)	столь (ж)	['stɔlʲ]
plancher (m)	падлога (ж)	[pad'lɔɦa]
coin (m)	кут (м)	['kut]

69. Les meubles. L'intérieur

meubles (m pl)	мэбля (ж)	['mɛblʲa]
table (f)	стол (м)	['stɔl]
chaise (f)	крэсла (н)	['krɛsla]
lit (m)	ложак (м)	['lɔʒak]
canapé (m)	канапа (ж)	[ka'napa]
fauteuil (m)	фатэль (м)	[fa'tɛlʲ]
bibliothèque (f) (meuble)	шафа (ж)	['ʃafa]
rayon (m)	паліца (ж)	[pa'litsa]
armoire (f)	шафа (ж)	['ʃafa]
patère (f)	вешалка (ж)	['veʃalka]
portemanteau (m)	вешалка (ж)	['veʃalka]
commode (f)	камода (ж)	[ka'mɔda]
table (f) basse	часопісны столік (м)	[tʃa'sɔpisnɨ 'stɔlik]
miroir (m)	люстэрка (н)	[lʉs'tɛrka]
tapis (m)	дыван (м)	[di'van]
petit tapis (m)	дыванок (м)	[diva'nɔk]
cheminée (f)	камін (м)	[ka'min]
bougie (f)	свечка (ж)	['svetʃka]
chandelier (m)	падсвечнік (м)	[pat'svetʃnik]
rideaux (m pl)	шторы (мн)	['ʃtɔri]

| papier (m) peint | шпалеры (ж мн) | [ʃpaˈleri] |
| jalousie (f) | жалюзі (мн) | [ʒalʲuˈzi] |

lampe (f) de table	настольная лямпа (ж)	[naˈstolʲnaʲa ˈlʲampa]
applique (f)	свяцільня (ж)	[svʲaˈtsilʲnʲa]
lampadaire (m)	таршэр (м)	[tarˈʃɛr]
lustre (m)	люстра (ж)	[ˈlʉstra]

pied (m) (~ de la table)	ножка (ж)	[ˈnɔʃka]
accoudoir (m)	падлакотнік (м)	[padlaˈkotnik]
dossier (m)	спінка (ж)	[ˈspinka]
tiroir (m)	шуфляда (ж)	[ʃufˈlʲada]

70. La literie

linge (m) de lit	бялізна (ж)	[bʲaˈlizna]
oreiller (m)	падушка (ж)	[paˈduʃka]
taie (f) d'oreiller	навалочка (ж)	[navaˈlɔtʃka]
couverture (f)	коўдра (ж)	[ˈkɔwdra]
drap (m)	прасціна (ж)	[prasʲtsiˈna]
couvre-lit (m)	пакрывала (н)	[pakriˈvala]

71. La cuisine

cuisine (f)	кухня (ж)	[ˈkuhnʲa]
gaz (m)	газ (м)	[ˈɦas]
cuisinière (f) à gaz	пліта (ж) газавая	[pliˈta ˈɦazavaʲa]
cuisinière (f) électrique	пліта (ж) электрычная	[pliˈta ɛlektˈritʃnaʲa]
four (m)	духоўка (ж)	[duˈhowka]
four (m) micro-ondes	мікрахвалевая печ (ж)	[mikraˈhvalevaʲa ˈpetʃ]

réfrigérateur (m)	халадзільнік (м)	[halaˈdzilʲnik]
congélateur (m)	маразілка (ж)	[maraˈzilka]
lave-vaisselle (m)	пасудамыечная машына (ж)	[pasudaˈmʲetʃnaʲa maˈʃina]

hachoir (m) à viande	мясарубка (ж)	[mʲasaˈrupka]
centrifugeuse (f)	сокавыціскалка (ж)	[sɔkavɨtsiˈskalka]
grille-pain (m)	тостэр (м)	[ˈtɔstɛr]
batteur (m)	міксер (м)	[ˈmikser]

machine (f) à café	кававарка (ж)	[kavaˈvarka]
cafetière (f)	кафейнік (м)	[kaˈfejnik]
moulin (m) à café	кавамолка (ж)	[kavaˈmɔlka]

bouilloire (f)	чайнік (м)	[ˈtʃajnik]
théière (f)	імбрычак (м)	[imˈbritʃak]
couvercle (m)	накрыўка (ж)	[ˈnakrɨwka]

passoire (f) à thé	сітца (н)	['sitsa]
cuillère (f)	лыжка (ж)	['liʃka]
petite cuillère (f)	чайная лыжка (ж)	['tʃajnaʲa 'liʃka]
cuillère (f) à soupe	сталовая лыжка (ж)	[sta'lɔvaʲa 'liʃka]
fourchette (f)	відэлец (м)	[vi'dɛlets]
couteau (m)	нож (м)	['nɔʃ]
vaisselle (f)	посуд (м)	['pɔsut]
assiette (f)	талерка (ж)	[ta'lerka]
soucoupe (f)	сподак (м)	['spɔdak]
verre (m) à shot	чарка (ж)	['tʃarka]
verre (m) (~ d'eau)	шклянка (ж)	['ʃklʲanka]
tasse (f)	кубак (м)	['kubak]
sucrier (m)	цукарніца (ж)	['tsukarnitsa]
salière (f)	салянка (ж)	[sa'lʲanka]
poivrière (f)	перачніца (ж)	['peratʃnitsa]
beurrier (m)	масленіца (ж)	['maslenitsa]
casserole (f)	рондаль (м)	['rɔndalʲ]
poêle (f)	патэльня (ж)	[pa'tɛlʲnʲa]
louche (f)	апалонік (м)	[apa'lɔnik]
passoire (f)	друшляк (м)	[druʃ'lʲak]
plateau (m)	паднос (м)	[pad'nɔs]
bouteille (f)	бутэлька (ж)	[bu'tɛlʲka]
bocal (m) (à conserves)	слоік (м)	['slɔik]
boîte (f) en fer-blanc	бляшанка (ж)	[blʲa'ʃanka]
ouvre-bouteille (m)	адкрывалка (ж)	[atkri'valka]
ouvre-boîte (m)	адкрывалка (ж)	[atkri'valka]
tire-bouchon (m)	штопар (м)	['ʃtɔpar]
filtre (m)	фільтр (м)	['filʲtr]
filtrer (vt)	фільтраваць	[filʲtra'vatsʲ]
ordures (f pl)	смецце (н)	['smetse]
poubelle (f)	вядро (н) для смецця	[vʲa'drɔ dlʲa 'smetsʲa]

72. La salle de bains

salle (f) de bains	ванны пакой (м)	['vanni pa'kɔj]
eau (f)	вада (ж)	[va'da]
robinet (m)	кран (м)	['kran]
eau (f) chaude	гарачая вада (ж)	[ha'ratʃaʲa va'da]
eau (f) froide	халодная вада (ж)	[ha'lɔdnaʲa va'da]
dentifrice (m)	зубная паста (ж)	[zub'naʲa 'pasta]
se brosser les dents	чысціць зубы	[tʃisʲtsitsʲ zu'bi]
brosse (f) à dents	зубная шчотка (ж)	[zub'naʲa 'ʃtʃotka]

se raser (vp)	галіцца	[ɦa'litsa]
mousse (f) à raser	пена (ж) для галення	['pena dlʲa ɦa'lennʲa]
rasoir (m)	брытва (ж)	['britva]
laver (vt)	мыць	['mitsʲ]
se laver (vp)	мыцца	['mitsa]
douche (f)	душ (м)	['duʃ]
prendre une douche	прымаць душ	[pri'matsʲ 'duʃ]
baignoire (f)	ванна (ж)	['vanna]
cuvette (f)	унітаз (м)	[uni'tas]
lavabo (m)	ракавіна (ж)	['rakavina]
savon (m)	мыла (н)	['mila]
porte-savon (m)	мыльніца (ж)	['milʲnitsa]
éponge (f)	губка (ж)	['ɦupka]
shampooing (m)	шампунь (м)	[ʃam'punʲ]
serviette (f)	ручнік (м)	[rutʃ'nik]
peignoir (m) de bain	халат (м)	[ha'lat]
lessive (f) (faire la ~)	мыццё (н)	[mi'tsʲo]
machine (f) à laver	пральная машына (ж)	['pralʲnaʲa ma'ʃina]
faire la lessive	мыць бялізну	['mitsʲ bʲa'liznu]
lessive (f) (poudre)	пральны парашок (м)	['pralʲni para'ʃok]

73. Les appareils électroménagers

téléviseur (m)	тэлевізар (м)	[tɛle'vizar]
magnétophone (m)	магнітафон (м)	[maɦnita'fɔn]
magnétoscope (m)	відэамагнітафон (м)	['vidɛa maɦnita'fɔn]
radio (f)	прыёмнік (м)	[pri'ʲomnik]
lecteur (m)	плэер (м)	['plɛer]
vidéoprojecteur (m)	відэапраектар (м)	['vidɛa pra'ektar]
home cinéma (m)	хатні кінатэатр (м)	['hatni kinatɛ'atr]
lecteur DVD (m)	прайгравальнік (м) DVD	[prajɦra'valʲniɦ dzivi'dzi]
amplificateur (m)	узмацняльнік (м)	[uzmatsʲnʲalʲnik]
console (f) de jeux	гульнявая прыстаўка (ж)	[ɦulʲnʲa'vaʲa pri'stawka]
caméscope (m)	відэакамера (ж)	['vidɛa 'kamera]
appareil (m) photo	фотаапарат (м)	[fotaapa'rat]
appareil (m) photo numérique	лічбавы фотаапарат (м)	['lidʒbavɨ fotaapa'rat]
aspirateur (m)	пыласос (м)	[pɨla'sɔs]
fer (m) à repasser	прас (м)	['pras]
planche (f) à repasser	прасавальная дошка (ж)	[prasa'valʲnaʲa 'doʃka]
téléphone (m)	тэлефон (м)	[tɛle'fɔn]
portable (m)	мабільны тэлефон (м)	[ma'bilʲni tɛle'fɔn]

machine (f) à écrire	**машынка** (ж)	[ma'ʃinka]
machine (f) à coudre	**машынка** (ж)	[ma'ʃinka]
micro (m)	**мікрафон** (м)	[mikra'fɔn]
écouteurs (m pl)	**навушнікі** (м мн)	[na'vuʃniki]
télécommande (f)	**пульт** (м)	['pulʲt]
CD (m)	**кампакт-дыск** (м)	[kam'pakt 'disk]
cassette (f)	**касета** (ж)	[ka'seta]
disque (m) (vinyle)	**пласцінка** (ж)	[plas'tsinka]

LA TERRE. LE TEMPS

T&P Books Publishing

cosmos (m)	космас (м)	['kɔsmas]
cosmique (adj)	касмічны	[kas'mitʃni]
espace (m) cosmique	касмічная прастора (ж)	[kas'mitʃnaʲa pras'tɔra]
monde (m)	свет (м)	['svet]
univers (m)	сусвет (м)	[sus'vet]
galaxie (f)	галактыка (ж)	[ɦa'laktika]
étoile (f)	зорка (ж)	['zɔrka]
constellation (f)	сузор'е (н)	[su'zɔrʲe]
planète (f)	планета (ж)	[pla'neta]
satellite (m)	спадарожнік (м)	[spada'rɔʒnik]
météorite (m)	метэарыт (м)	[metɛa'rit]
comète (f)	камета (ж)	[ka'meta]
astéroïde (m)	астэроід (м)	[astɛ'rɔit]
orbite (f)	арбіта (ж)	[ar'bita]
tourner (vi)	круціцца	[kru'tsitsa]
atmosphère (f)	атмасфера (ж)	[atma'sfera]
Soleil (m)	Сонца (н)	['sɔntsa]
système (m) solaire	Сонечная сістэма (ж)	['sɔnetʃnaʲa sis'tɛma]
éclipse (f) de soleil	сонечнае зацьменне (н)	['sɔnetʃnae zatsʲ'menne]
Terre (f)	Зямля (ж)	[zʲam'lʲa]
Lune (f)	Месяц (м)	['mesʲats]
Mars (m)	Марс (м)	['mars]
Vénus (f)	Венера (ж)	[ve'nera]
Jupiter (m)	Юпітэр (м)	[ʉ'pitɛr]
Saturne (m)	Сатурн (м)	[sa'turn]
Mercure (m)	Меркурый (м)	[mer'kurij]
Uranus (m)	Уран (м)	[u'ran]
Neptune	Нептун (м)	[nep'tun]
Pluton (m)	Плутон (м)	[plu'tɔn]
la Voie Lactée	Млечны Шлях (м)	['mletʃni ʃ'lʲah]
la Grande Ours	Вялікая Мядзведзіца (ж)	[vʲa'likaʲa mʲadzʲ'vedzitsa]
la Polaire	Палярная зорка (ж)	[pa'lʲarnaʲa 'zɔrka]
martien (m)	марсіянін (м)	[marsiʲ'anin]
extraterrestre (m)	іншапланецянін (м)	[inʃaplane'tsʲanin]

| alien (m) | прышэлец (м) | [priˈʃɛlets] |
| soucoupe (f) volante | лятаючая талерка (ж) | [lʲaˈtautʃaʲa taˈlerka] |

vaisseau (m) spatial	касмічны карабель (м)	[kasˈmitʃnɨ karaˈbelʲ]
station (f) orbitale	арбітальная станцыя (ж)	[arbiˈtalʲnaʲa ˈstantsɨʲa]
lancement (m)	старт (м)	[ˈstart]

moteur (m)	рухавік (м)	[ruhaˈvik]
tuyère (f)	сапло (н)	[sapˈlɔ]
carburant (m)	паліва (н)	[ˈpaliva]

cabine (f)	кабіна (ж)	[kaˈbina]
antenne (f)	антэна (ж)	[anˈtɛna]
hublot (m)	ілюмінатар (м)	[ilʉmiˈnatar]
batterie (f) solaire	сонечная батарэя (ж)	[ˈsɔnetʃnaʲa bataˈrɛʲa]
scaphandre (m)	скафандр (м)	[skaˈfandr]

| apesanteur (f) | бязважкасць (ж) | [bʲazˈvaʃkastsʲ] |
| oxygène (m) | кісларод (м) | [kislaˈrɔt] |

| arrimage (m) | стыкоўка (ж) | [stɨˈkɔwka] |
| s'arrimer à … | выконваць стыкоўку | [vɨˈkɔnvatsʲ stɨˈkɔwku] |

observatoire (m)	абсерваторыя (ж)	[apservaˈtɔrɨʲa]
télescope (m)	тэлескоп (м)	[tɛleˈskɔp]
observer (vt)	назіраць	[naziˈratsʲ]
explorer (un cosmos)	даследаваць	[daˈsledavatsʲ]

75. La Terre

Terre (f)	Зямля (ж)	[zʲamˈlʲa]
globe (m) terrestre	зямны шар (м)	[zʲamˈnɨ ˈʃar]
planète (f)	планета (ж)	[plaˈneta]

atmosphère (f)	атмасфера (ж)	[atmaˈsfera]
géographie (f)	геаграфія (ж)	[heaˈhrafiʲa]
nature (f)	прырода (ж)	[prɨˈrɔda]

globe (m) de table	глобус (м)	[ˈhlɔbus]
carte (f)	карта (ж)	[ˈkarta]
atlas (m)	атлас (м)	[atˈlas]

Europe (f)	Еўропа	[ewˈrɔpa]
Asie (f)	Азія	[ˈaziʲa]
Afrique (f)	Афрыка	[ˈafrɨka]
Australie (f)	Аўстралія	[awˈstraliʲa]

Amérique (f)	Амерыка	[aˈmerɨka]
Amérique (f) du Nord	Паўночная Амерыка	[pawˈnɔtʃnaʲa aˈmerɨka]
Amérique (f) du Sud	Паўднёвая Амерыка	[pawˈdnʲɔvaʲa aˈmerɨka]

l'Antarctique (m)	Антарктыда	[antark'tida]
l'Arctique (m)	Арктыка	['arktika]

76. Les quatre parties du monde

nord (m)	поўнач (ж)	['pɔwnatʃ]
vers le nord	на поўнач	[na 'pɔwnatʃ]
au nord	на поўначы	[na 'pɔwnatʃi]
du nord (adj)	паўночны	[paw'nɔtʃni]
sud (m)	поўдзень (м)	['pɔwdzenʲ]
vers le sud	на поўдзень	[na 'pɔwdzenʲ]
au sud	на поўдні	[na 'pɔwdni]
du sud (adj)	паўднёвы	[paw'dnʲovʲ]
ouest (m)	захад (м)	['zahat]
vers l'occident	на захад	[na 'zahat]
à l'occident	на захадзе	[na 'zahadze]
occidental (adj)	заходні	[za'hɔdni]
est (m)	усход (м)	[w'shɔt]
vers l'orient	на ўсход	[na w'shɔt]
à l'orient	на ўсходзе	[na w'shɔdze]
oriental (adj)	усходні	[us'hɔdni]

77. Les océans et les mers

mer (f)	мора (н)	['mɔra]
océan (m)	акіян (м)	[aki'ʲan]
golfe (m)	заліў (м)	[za'liw]
détroit (m)	пралiў (м)	[pra'liw]
terre (f) ferme	зямля, суша (ж)	[zʲam'lʲa], ['suʃa]
continent (m)	мацярык (м)	[matsʲa'rik]
île (f)	востраў (м)	['vɔstraw]
presqu'île (f)	паўвостраў (м)	[paw'vɔstraw]
archipel (m)	архіпелаг (м)	[arhipe'laɦ]
baie (f)	бухта (ж)	['buhta]
port (m)	гавань (ж)	['ɦavanʲ]
lagune (f)	лагуна (ж)	[la'ɦuna]
cap (m)	мыс (м)	['mis]
atoll (m)	атол (м)	[a'tɔl]
récif (m)	рыф (м)	['rif]
corail (m)	карал (м)	[ka'ral]
récif (m) de corail	каралавы рыф (м)	[ka'ralavɨ 'rif]
profond (adj)	глыбокі	[ɦli'bɔki]

profondeur (f)	глыбіня (ж)	[ɦlibi'nʲa]
abîme (m)	бездань (ж)	['bezdanʲ]
fosse (f) océanique	упадзіна (ж)	[u'padzina]
courant (m)	плынь (ж)	['plinʲ]
baigner (vt) (mer)	абмываць	[abmi'vatsʲ]
littoral (m)	бераг (м)	['beraɦ]
côte (f)	узбярэжжа (н)	[uzbʲa'rɛʐa]
marée (f) haute	прыліў (м)	[pri'liw]
marée (f) basse	адліў (м)	[ad'liw]
banc (m) de sable	водмель (ж)	['vɔdmelʲ]
fond (m)	дно (н)	['dnɔ]
vague (f)	хваля (ж)	['hvalʲa]
crête (f) de la vague	грэбень (м) хвалі	[ɦrɛbenʲ 'hvali]
mousse (f)	пена (ж)	['pena]
tempête (f) en mer	бура (ж)	['bura]
ouragan (m)	ураган (м)	[ura'ɦan]
tsunami (m)	цунамі (н)	[tsu'nami]
calme (m)	штыль (м)	['ʃtilʲ]
calme (tranquille)	спакойны	[spa'kɔjni]
pôle (m)	полюс (м)	['pɔlʉs]
polaire (adj)	палярны	[pa'lʲarni]
latitude (f)	шырата (ж)	[ʃira'ta]
longitude (f)	даўгата (ж)	[dawɦa'ta]
parallèle (f)	паралель (ж)	[para'lelʲ]
équateur (m)	экватар (м)	[ɛk'vatar]
ciel (m)	неба (н)	['neba]
horizon (m)	гарызонт (м)	[ɦari'zɔnt]
air (m)	паветра (н)	[pa'vetra]
phare (m)	маяк (м)	[ma'ʲak]
plonger (vi)	нырацъ	[ni'ratsʲ]
sombrer (vi)	затануцъ	[zata'nutsʲ]
trésor (m)	скарбы (м мн)	['skarbi]

78. Les noms des mers et des océans

océan (m) Atlantique	Атлантычны акіян (м)	[atlan'titʃni aki'ʲan]
océan (m) Indien	Індыйскі акіян (м)	[in'dijski aki'ʲan]
océan (m) Pacifique	Ціхі акіян (м)	['tsihi aki'ʲan]
océan (m) Glacial	Паўночны Ледавіты акіян (м)	[paw'nɔtʃni leda'witi aki'ʲan]
mer (f) Noire	Чорнае мора (н)	['tʃɔrnae 'mɔra]

mer (f) Rouge	Чырвонае мора (н)	[tʃïr'vɔnae 'mɔra]
mer (f) Jaune	Жоўтае мора (н)	['ʒɔwtae 'mɔra]
mer (f) Blanche	Белае мора (н)	['belae 'mɔra]

mer (f) Caspienne	Каспійскае мора (н)	[kas'pijskae 'mɔra]
mer (f) Morte	Мёртвае мора (н)	['mʲortvae 'mɔra]
mer (f) Méditerranée	Міжземнае мора (н)	[miʒ'zemnae 'mɔra]

| mer (f) Égée | Эгейскае мора (н) | [ɛ'ɦejskae 'mɔra] |
| mer (f) Adriatique | Адрыятычнае мора (н) | [adrʲa'titʃnae 'mɔra] |

mer (f) Arabique	Аравійскае мора (н)	[ara'vijskae 'mɔra]
mer (f) du Japon	Японскае мора (н)	[ʲa'pɔnskae 'mɔra]
mer (f) de Béring	Берынгава мора (н)	['berinɦava 'mɔra]
mer (f) de Chine Méridionale	Паўднёва-Кітайскае мора (н)	[paw'dnʲova ki'tajskae 'mɔra]

mer (f) de Corail	Каралавае мора (н)	[ka'ralavae 'mɔra]
mer (f) de Tasman	Тасманава мора (н)	[tas'manava 'mɔra]
mer (f) Caraïbe	Карыбскае мора (н)	[ka'ripskae 'mɔra]

| mer (f) de Barents | Баранцава мора (н) | ['barantsava 'mɔra] |
| mer (f) de Kara | Карскае мора (н) | ['karskae 'mɔra] |

mer (f) du Nord	Паўночнае мора (н)	[paw'nɔtʃnae 'mɔra]
mer (f) Baltique	Балтыйскае мора (н)	[bal'tijskae 'mɔra]
mer (f) de Norvège	Нарвежскае мора (н)	[nar'veʃkae 'mɔra]

79. Les montagnes

montagne (f)	гара (ж)	[ɦa'ra]
chaîne (f) de montagnes	горны ланцуг (м)	['ɦɔrnɨ lan'tsuɦ]
crête (f)	горны хрыбет (м)	['ɦɔrnɨ hrɨ'bet]

sommet (m)	вяршыня (ж)	[vʲar'ʃɨnʲa]
pic (m)	пік (м)	['pik]
pied (m)	падножжа (н)	[pad'nɔʐa]
pente (f)	схіл (м)	['shil]

volcan (m)	вулкан (м)	[vul'kan]
volcan (m) actif	дзеючы вулкан (м)	['dzeutʃɨ vul'kan]
volcan (m) éteint	патухлы вулкан (м)	[pa'tuhlɨ vul'kan]

éruption (f)	вывяржэнне (н)	[vivʲar'ʒɛnne]
cratère (m)	кратэр (м)	['kratɛr]
magma (m)	магма (ж)	['maɦma]
lave (f)	лава (ж)	['lava]
en fusion (lave ~)	распалены	[ras'palenɨ]
canyon (m)	каньён (м)	[ka'njɔn]
défilé (m) (gorge)	цясніна (ж)	[tsʲas'nina]

| crevasse (f) | цясніна (ж) | [tsʲasʲ'nina] |
| précipice (m) | прорва (ж), абрыў (m) | ['prorva], [ab'rʲiw] |

col (m) de montagne	перавал (m)	[pera'val]
plateau (m)	плато (н)	[pla'to]
rocher (m)	скала (ж)	[ska'la]
colline (f)	узгорак (m)	[uz'ɣorak]

glacier (m)	ледавік (m)	[leda'vik]
chute (f) d'eau	вадаспад (m)	[vada'spat]
geyser (m)	гейзер (m)	['ɦejzer]
lac (m)	возера (н)	['vɔzera]

plaine (f)	раўніна (ж)	[raw'nina]
paysage (m)	краявід (m)	[krajaˈvit]
écho (m)	рэха (н)	['rɛha]

alpiniste (m)	альпініст (m)	[alʲpi'nist]
varappeur (m)	скалалаз (m)	[skala'las]
conquérir (vt)	авалодваць	[ava'lodvatsʲ]
ascension (f)	узыходжанне (н)	[uzi'hodʐanne]

80. Les noms des chaînes de montagne

Alpes (f pl)	Альпы (мн)	['alʲpɨ]
Mont Blanc (m)	Манблан (m)	[man'blan]
Pyrénées (f pl)	Пірэнеі (мн)	[pirɛ'nei]

Carpates (f pl)	Карпаты (мн)	[kar'patɨ]
Monts Oural (m pl)	Уральскія горы (мн)	[u'ralʲskija 'ɦorɨ]
Caucase (m)	Каўказ (m)	[kaw'kas]
Elbrous (m)	Эльбрус (m)	[ɛlʲ'brus]

Altaï (m)	Алтай (m)	[al'taj]
Tian Chan (m)	Цянь-Шань (m)	[tsʲanjˈʃanʲ]
Pamir (m)	Памір (m)	[pa'mir]
Himalaya (m)	Гімалаі (мн)	[ɦima'lai]
Everest (m)	Эверэст (m)	[ɛve'rɛst]

| Andes (f pl) | Анды (мн) | ['andɨ] |
| Kilimandjaro (m) | Кіліманджара (н) | [kiliman'dʐara] |

81. Les fleuves

rivière (f), fleuve (m)	рака (ж)	[ra'ka]
source (f)	крыніца (ж)	[kri'nitsa]
lit (m) (d'une rivière)	рэчышча (н)	['rɛtʃɨʃɕa]
bassin (m)	басейн (m)	[ba'sejn]

se jeter dans …	упадаць у …	[upaˈdatsʲ u …]
affluent (m)	прыток (м)	[priˈtɔk]
rive (f)	бераг (м)	[ˈberaɦ]
courant (m)	плынь (ж)	[ˈplinʲ]
en aval	уніз па цячэнню	[uˈnis pa tsʲaˈtʃɛnnʉ]
en amont	уверх па цячэнню	[uˈvɛrh pa tsʲaˈtʃɛnnʉ]
inondation (f)	паводка (ж)	[paˈvɔtka]
les grandes crues	разводдзе (н)	[razˈvɔdze]
déborder (vt)	разлівацца	[razʲliˈvatsa]
inonder (vt)	затапляць	[zataˈplʲatsʲ]
bas-fond (m)	мель (ж)	[ˈmelʲ]
rapide (m)	парог (м)	[paˈrɔɦ]
barrage (m)	плаціна (ж)	[plaˈtsina]
canal (m)	канал (м)	[kaˈnal]
lac (m) de barrage	вадасховішча (н)	[vadasˈhɔviʃca]
écluse (f)	шлюз (м)	[ˈʃlʉs]
plan (m) d'eau	вадаём (м)	[vadaˈʲom]
marais (m)	балота (н)	[baˈlɔta]
fondrière (f)	багна (ж)	[ˈbaɦna]
tourbillon (m)	вір (м)	[ˈvir]
ruisseau (m)	ручай (м)	[ruˈtʃaj]
potable (adj)	пітны	[pitˈni]
douce (l'eau ~)	прэсны	[ˈprɛsni]
glace (f)	лёд (м)	[ˈlʲot]
être gelé	замерзнуць	[zaˈmerznutsʲ]

82. Les noms des fleuves

Seine (f)	Сена (ж)	[ˈsena]
Loire (f)	Луара (ж)	[luˈara]
Tamise (f)	Тэмза (ж)	[ˈtɛmza]
Rhin (m)	Рэйн (м)	[ˈrɛjn]
Danube (m)	Дунай (м)	[duˈnaj]
Volga (f)	Волга (ж)	[ˈvɔlɦa]
Don (m)	Дон (м)	[ˈdɔn]
Lena (f)	Лена (ж)	[ˈlena]
Huang He (m)	Хуанхэ (н)	[huanˈhɛ]
Yangzi Jiang (m)	Янцзы (н)	[ʲanˈdzi]
Mékong (m)	Меконг (м)	[meˈkɔnɦ]
Gange (m)	Ганг (м)	[ˈɦanɦ]

Nil (m)	Ніл (м)	['nil]
Congo (m)	Конга (н)	['kɔnɦa]
Okavango (m)	Акаванга (ж)	[aka'vanɦa]
Zambèze (m)	Замбезі (ж)	[zam'bezi]
Limpopo (m)	Лімпапо (ж)	[limpa'pɔ]
Mississippi (m)	Місісіпі (ж)	[misi'sipi]

83. La forêt

forêt (f)	лес (м)	['les]
forestier (adj)	лясны	[lʲas'ni]
fourré (m)	гушчар (м)	[ɦu'ʃɕar]
bosquet (m)	гай (м)	['ɦaj]
clairière (f)	паляна (ж)	[pa'lʲana]
broussailles (f pl)	зараснікі (м мн)	['zarasniki]
taillis (m)	хмызняк (м)	[hmiz'nʲak]
sentier (m)	сцяжынка (ж)	[sʦʲa'ʒɨnka]
ravin (m)	яр (м)	['ʲar]
arbre (m)	дрэва (н)	['drɛva]
feuille (f)	ліст (м)	['list]
feuillage (m)	лістота (ж)	[lis'tɔta]
chute (f) de feuilles	лістапад (м)	[lista'pat]
tomber (feuilles)	ападаць	[apa'daʦʲ]
sommet (m)	верхавіна (ж)	[verha'vina]
rameau (m)	галіна (ж)	[ɦali'na]
branche (f)	сук (м)	['suk]
bourgeon (m)	пупышка (ж)	[pu'pɨʃka]
aiguille (f)	шыпулька (ж)	[ʃɨ'pulʲka]
pomme (f) de pin	шышка (ж)	['ʃɨʃka]
creux (m)	дупло (н)	[dup'lɔ]
nid (m)	гняздо (н)	[ɦnʲaz'dɔ]
terrier (m) (~ d'un renard)	нара (ж)	[na'ra]
tronc (m)	ствол (м)	['stvɔl]
racine (f)	корань (м)	['kɔranʲ]
écorce (f)	кара (ж)	[ka'ra]
mousse (f)	мох (м)	['mɔh]
déraciner (vt)	карчаваць	[karʧa'vaʦʲ]
abattre (un arbre)	сячы	[sʲa'ʧɨ]
déboiser (vt)	высякаць	[visʲa'kaʦʲ]
souche (f)	пень (м)	['penʲ]
feu (m) de bois	вогнішча (н)	['vɔɦniʃɕa]

| incendie (m) | пажар (м) | [pa'ʒar] |
| éteindre (feu) | тушыць | [tu'ʃɨtsʲ] |

garde (m) forestier	ляснік (м)	[lʲas'nik]
protection (f)	ахова (ж)	[a'hɔva]
protéger (vt)	ахоўваць	[a'hɔwvatsʲ]
braconnier (m)	браканьер (м)	[braka'njer]
piège (m) à mâchoires	пастка (ж)	['pastka]

| cueillir (vt) | збіраць | [zʲbi'ratsʲ] |
| s'égarer (vp) | заблудзіць | [zablu'dzitsʲ] |

84. Les ressources naturelles

ressources (f pl) naturelles	прыродныя рэсурсы (м мн)	[prɨ'rɔdnʲʲa rɛ'sursɨ]
minéraux (m pl)	карысныя выкапні (м мн)	[ka'risnʲʲa 'vikapni]
gisement (m)	паклады (м мн)	[pa'kladɨ]
champ (m) (~ pétrolifère)	радовішча (н)	[ra'dɔviʃɕa]

extraire (vt)	здабываць	[zdabɨ'vatsʲ]
extraction (f)	здабыча (ж)	[zda'bɨtʃa]
minerai (m)	руда (ж)	[ru'da]
mine (f) (site)	руднік (м)	[rud'nik]
puits (m) de mine	шахта (ж)	['ʃahta]
mineur (m)	шахцёр (м)	[ʃah'tsʲor]

| gaz (m) | газ (м) | ['has] |
| gazoduc (m) | газаправод (м) | [hazapra'vɔt] |

pétrole (m)	нафта (ж)	['nafta]
pipeline (m)	нафтаправод (м)	[naftapra'vɔt]
tour (f) de forage	нафтавая вышка (ж)	['naftavaʲa 'viʃka]
derrick (m)	буравая вышка (ж)	[bura'vaʲa 'viʃka]
pétrolier (m)	танкер (м)	['tanker]

sable (m)	пясок (м)	[pʲa'sɔk]
calcaire (m)	вапняк (м)	[vap'nʲak]
gravier (m)	жвір (м)	['ʒvir]
tourbe (f)	торф (м)	['tɔrf]
argile (f)	гліна (ж)	['hlina]
charbon (m)	вугаль (м)	['vuhalʲ]

fer (m)	жалеза (н)	[ʒa'leza]
or (m)	золата (н)	['zɔlata]
argent (m)	срэбра (н)	['srɛbra]
nickel (m)	нікель (м)	['nikelʲ]
cuivre (m)	медзь (ж)	['metsʲ]
zinc (m)	цынк (м)	['tsɨnk]
manganèse (m)	марганец (м)	['marhanets]

mercure (m)	ртуць (ж)	['rtutsʲ]
plomb (m)	свінец (м)	[svi'nets]
minéral (m)	мінерал (м)	[mine'ral]
cristal (m)	крышталь (м)	[krɨʃ'talʲ]
marbre (m)	мармур (м)	['marmur]
uranium (m)	уран (м)	[u'ran]

85. Le temps

temps (m)	надвор'е (н)	[na'dvorʲe]
météo (f)	прагноз (м) надвор'я	[prah'nɔs nad'vɔrʲja]
température (f)	тэмпература (ж)	[tɛmpera'tura]
thermomètre (m)	тэрмометр (м)	[tɛr'mɔmetr]
baromètre (m)	барометр (м)	[ba'rɔmetr]
humide (adj)	вільготны	[vilʲ'hɔtnɨ]
humidité (f)	вільготнасць (ж)	[vilʲ'hɔtnastsʲ]
chaleur (f) (canicule)	гарачыня (ж)	[ɦaratʃɨ'nʲa]
torride (adj)	гарачы	[ɦa'ratʃɨ]
il fait très chaud	горача	['ɦɔratʃa]
il fait chaud	цёпла	['tsʲɔpla]
chaud (modérément)	цёплы	['tsʲɔplɨ]
il fait froid	холадна	['hɔladna]
froid (adj)	халодны	[ha'lɔdnɨ]
soleil (m)	сонца (н)	['sɔntsa]
briller (soleil)	свяціць	[svʲa'tsitsʲ]
ensoleillé (jour ~)	сонечны	['sɔnetʃnɨ]
se lever (vp)	узысці	[uzɨs'tsi]
se coucher (vp)	сесці	['sesʲtsi]
nuage (m)	воблака (н)	['vɔblaka]
nuageux (adj)	воблачны	['vɔblatʃnɨ]
nuée (f)	хмара (ж)	['hmara]
sombre (adj)	пахмурны	[pah'murnɨ]
pluie (f)	дождж (м)	['dɔʃɕ]
il pleut	ідзе дождж	[i'dze 'dɔʃɕ]
pluvieux (adj)	дажджлівы	[daʒdʒ'livɨ]
bruiner (v imp)	імжыць	[im'ʒɨtsʲ]
pluie (f) torrentielle	праліўны дождж (м)	[praliw'nʲ 'dɔʃɕ]
averse (f)	лівень (м)	['livenʲ]
forte (la pluie ~)	моцны	['mɔtsnɨ]
flaque (f)	лужына (ж)	['luʒɨna]
se faire mouiller	мокнуць	['mɔknutsʲ]
brouillard (m)	туман (м)	[tu'man]

brumeux (adj)	туманны	[tu'manni]
neige (f)	снег (м)	['sneɦ]
il neige	ідзе снег	[i'dze 'sneɦ]

86. Les intempéries. Les catastrophes naturelles

orage (m)	навальніца (ж)	[naval'ˈnitsa]
éclair (m)	маланка (ж)	[ma'lanka]
éclater (foudre)	бліскаць	['bliskatsʲ]

tonnerre (m)	гром (м)	['ɦrɔm]
gronder (tonnerre)	грымець	[ɦri'metsʲ]
le tonnerre gronde	грыміць гром	[ɦri'mitsʲ 'ɦrɔm]

| grêle (f) | град (м) | ['ɦrat] |
| il grêle | ідзе град | [i'dze 'ɦrat] |

| inonder (vt) | затапіць | [zata'pitsʲ] |
| inondation (f) | паводка (ж) | [pa'vɔtka] |

tremblement (m) de terre	землятрус (м)	[zemlʲa'trus]
secousse (f)	штуршок (м)	[ʃtur'ʃɔk]
épicentre (m)	эпіцэнтр (м)	[ɛpi'tsɛntr]

| éruption (f) | вывяржэнне (н) | [vivʲar'ʒɛnne] |
| lave (f) | лава (ж) | ['lava] |

tourbillon (m)	смерч (м)	['smertʃ]
tornade (f)	тарнада (ж)	[tar'nada]
typhon (m)	тайфун (м)	[taj'fun]

ouragan (m)	ураган (м)	[ura'ɦan]
tempête (f)	бура (ж)	['bura]
tsunami (m)	цунамі (н)	[tsu'nami]

cyclone (m)	цыклон (м)	[tsik'lɔn]
intempéries (f pl)	непагадзь (ж)	['nepaɦatsʲ]
incendie (m)	пажар (м)	[pa'ʒar]
catastrophe (f)	катастрофа (ж)	[kata'strɔfa]
météorite (m)	метэарыт (м)	[metɛa'rit]

avalanche (f)	лавіна (ж)	[la'vina]
éboulement (m)	абвал (м)	[ab'val]
blizzard (m)	мяцеліца (ж)	[mʲa'tselitsa]
tempête (f) de neige	завіруха (ж)	[zavi'ruha]

LA FAUNE

T&P Books Publishing

87. Les mammifères. Les prédateurs

prédateur (m)	драпежнік (м)	[dra'peʒnik]
tigre (m)	тыгр (м)	['tiɦr]
lion (m)	леў (м)	['lew]
loup (m)	воўк (м)	['vɔwk]
renard (m)	ліса (ж)	['lisa]
jaguar (m)	ягуар (м)	[ʲaɦu'ar]
léopard (m)	леапард (м)	[lea'part]
guépard (m)	гепард (м)	[ɦe'part]
panthère (f)	пантэра (ж)	[pan'tɛra]
puma (m)	пума (ж)	['puma]
léopard (m) de neiges	снежны барс (м)	['sneʒnɨ 'bars]
lynx (m)	рысь (ж)	['risʲ]
coyote (m)	каёт (м)	[ka'ʲot]
chacal (m)	шакал (м)	[ʃa'kal]
hyène (f)	гіена (ж)	[ɦi'ena]

88. Les animaux sauvages

animal (m)	жывёліна (ж)	[ʒɨ'vʲolina]
bête (f)	звер (м)	['zʲver]
écureuil (m)	вавёрка (ж)	[va'vʲorka]
hérisson (m)	вожык (м)	['vɔʒik]
lièvre (m)	заяц (м)	['zaʲats]
lapin (m)	трус (м)	['trus]
blaireau (m)	барсук (м)	[bar'suk]
raton (m)	янот (м)	[ʲa'nɔt]
hamster (m)	хамяк (м)	[ha'mʲak]
marmotte (f)	сурок (м)	[su'rɔk]
taupe (f)	крот (м)	['krɔt]
souris (f)	мыш (ж)	['miʃ]
rat (m)	пацук (м)	[pa'tsuk]
chauve-souris (f)	кажан (м)	[ka'ʒan]
hermine (f)	гарнастай (м)	[ɦarna'staj]
zibeline (f)	собаль (м)	['sɔbalʲ]
martre (f)	куніца (ж)	[ku'nitsa]

| belette (f) | ласка (ж) | ['laska] |
| vison (m) | норка (ж) | ['nɔrka] |

| castor (m) | бабёр (м) | [ba'bʲor] |
| loutre (f) | выдра (ж) | ['vɨdra] |

cheval (m)	конь (м)	['kɔnʲ]
élan (m)	лось (м)	['lɔsʲ]
cerf (m)	алень (м)	[a'lenʲ]
chameau (m)	вярблюд (м)	[vʲar'blʉt]

bison (m)	бізон (м)	[bi'zɔn]
aurochs (m)	зубр (м)	['zubr]
buffle (m)	буйвал (м)	['bujval]

zèbre (m)	зебра (ж)	['zebra]
antilope (f)	антылопа (ж)	[antɨ'lɔpa]
chevreuil (m)	казуля (ж)	[ka'zulʲa]
biche (f)	лань (ж)	['lanʲ]
chamois (m)	сарна (ж)	['sarna]
sanglier (m)	дзік (м)	['dzik]

baleine (f)	кіт (м)	['kit]
phoque (m)	цюлень (м)	[tsʉ'lenʲ]
morse (m)	морж (м)	['mɔrʃ]
ours (m) de mer	коцік (м)	['kɔtsik]
dauphin (m)	дэльфін (м)	[dɛlʲ'fin]

ours (m)	мядзведзь (м)	[mʲadz'vedzʲ]
ours (m) blanc	белы мядзведзь (м)	['beli mʲadz'vedzʲ]
panda (m)	панда (ж)	['panda]

singe (m)	малпа (ж)	['malpa]
chimpanzé (m)	шымпанзэ (м)	[ʃimpan'zɛ]
orang-outang (m)	арангутанг (м)	[araɦu'tanɦ]
gorille (m)	гарыла (ж)	[ɦa'rɨla]
macaque (m)	макака (ж)	[ma'kaka]
gibbon (m)	гібон (м)	[ɦi'bɔn]

| éléphant (m) | слон (м) | ['slɔn] |
| rhinocéros (m) | насарог (м) | [nasa'rɔɦ] |

| girafe (f) | жырафа (ж) | [ʒɨ'rafa] |
| hippopotame (m) | бегемот (м) | [beɦe'mɔt] |

| kangourou (m) | кенгуру (м) | [kenɦu'ru] |
| koala (m) | каала (ж) | [ka'ala] |

mangouste (f)	мангуст (м)	[man'ɦust]
chinchilla (m)	шыншыла (ж)	[ʃin'ʃila]
mouffette (f)	скунс (м)	['skuns]
porc-épic (m)	дзікабраз (м)	[dzikab'ras]

89. Les animaux domestiques

chat (m) (femelle)	кошка (ж)	['kɔʃka]
chat (m) (mâle)	кот (м)	['kɔt]
chien (m)	сабака (м)	[sa'baka]
cheval (m)	конь (м)	['kɔnʲ]
étalon (m)	жарабец (м)	[ʒara'bets]
jument (f)	кабыла (ж)	[ka'bɨla]
vache (f)	карова (ж)	[ka'rɔva]
taureau (m)	бык (м)	['bɨk]
bœuf (m)	вол (м)	['vɔl]
brebis (f)	авечка (ж)	[a'vetʃka]
mouton (m)	баран (м)	[ba'ran]
chèvre (f)	каза (ж)	[ka'za]
bouc (m)	казёл (м)	[ka'zʲol]
âne (m)	асёл (м)	[a'sʲol]
mulet (m)	мул (м)	['mul]
cochon (m)	свіння (ж)	[svi'nnʲa]
pourceau (m)	парася (н)	[para'sʲa]
lapin (m)	трус (м)	['trus]
poule (f)	курыца (ж)	['kurɨtsa]
coq (m)	певень (м)	['pevenʲ]
canard (m)	качка (ж)	['katʃka]
canard (m) mâle	качар (м)	['katʃar]
oie (f)	гусь (ж)	['ɦusʲ]
dindon (m)	індык (м)	[in'dɨk]
dinde (f)	індычка (ж)	[in'dɨtʃka]
animaux (m pl) domestiques	свойская жывёла (ж)	[svɔjskaʲa ʒɨ'vʲola]
apprivoisé (adj)	ручны	[rutʃ'ni]
apprivoiser (vt)	прыручаць	[priru'tʃatsʲ]
élever (vt)	выгадоўваць	[vɨɦa'dɔwvatsʲ]
ferme (f)	ферма (ж)	['ferma]
volaille (f)	свойская птушка (ж)	['svɔjskaʲa 'ptuʃka]
bétail (m)	жывёла (ж)	[ʒɨ'vʲola]
troupeau (m)	статак (м)	['statak]
écurie (f)	стайня (ж)	['stajnʲa]
porcherie (f)	свінарнік (м)	[svi'narnik]
vacherie (f)	кароўнік (м)	[ka'rɔwnik]
cabane (f) à lapins	трусятнік (м)	[tru'sʲatnik]
poulailler (m)	куратнік (м)	[ku'ratnik]

90. Les oiseaux

oiseau (m)	птушка (ж)	['ptuʃka]
pigeon (m)	голуб (м)	['ɦɔlup]
moineau (m)	верабей (м)	[vera'bej]
mésange (f)	сініца (ж)	[si'nitsa]
pie (f)	сарока (ж)	[sa'rɔka]
corbeau (m)	крумкач (м)	[krum'katʃ]
corneille (f)	варона (ж)	[va'rɔna]
choucas (m)	галка (ж)	['ɦalka]
freux (m)	грак (м)	['ɦrak]
canard (m)	качка (ж)	['katʃka]
oie (f)	гусь (ж)	['ɦusʲ]
faisan (m)	фазан (м)	[fa'zan]
aigle (m)	арол (м)	[a'rɔl]
épervier (m)	ястраб (м)	['ʲastrap]
faucon (m)	сокал (м)	['sɔkal]
vautour (m)	грыф (м)	['ɦrif]
condor (m)	кондар (м)	['kɔndar]
cygne (m)	лебедзь (м)	['lebetsʲ]
grue (f)	журавель (м)	[ʒura'velʲ]
cigogne (f)	бусел (м)	['busel]
perroquet (m)	папугай (м)	[papu'ɦaj]
colibri (m)	калібры (м)	[ka'libri]
paon (m)	паўлін (м)	[paw'lin]
autruche (f)	страус (м)	['straus]
héron (m)	чапля (ж)	['tʃaplʲa]
flamant (m)	фламінга (м)	[fla'minɦa]
pélican (m)	пелікан (м)	[peli'kan]
rossignol (m)	салавей (м)	[sala'vej]
hirondelle (f)	ластаўка (ж)	['lastawka]
merle (m)	дрозд (м)	['drɔst]
grive (f)	пеўчы дрозд (м)	['pewtʃi 'drɔst]
merle (m) noir	чорны дрозд (м)	['tʃɔrni 'drɔst]
martinet (m)	стрыж (м)	['striʃ]
alouette (f) des champs	жаваранак (м)	['ʒavaranak]
caille (f)	перапёлка (ж)	[pera'pʲolka]
pivert (m)	дзяцел (м)	['dzʲatsel]
coucou (m)	зязюля (ж)	[zʲa'zulʲa]
chouette (f)	сава (ж)	[sa'va]
hibou (m)	пугач (м)	[pu'ɦatʃ]

tétras (m)	глушэц (м)	[ɦlu'ʃɛts]
tétras-lyre (m)	цецярук (м)	[tsetsʲa'ruk]
perdrix (f)	курапатка (ж)	[kura'patka]

étourneau (m)	шпак (м)	['ʃpak]
canari (m)	канарэйка (ж)	[kana'rɛjka]
gélinotte (f) des bois	рабчык (м)	['raptʃik]
pinson (m)	зяблік (м)	['zʲablik]
bouvreuil (m)	гіль (м)	['ɦilʲ]

mouette (f)	чайка (ж)	['tʃajka]
albatros (m)	альбатрос (м)	[alʲbat'rɔs]
pingouin (m)	пінгвін (м)	[pinɦ'vin]

91. Les poissons. Les animaux marins

brème (f)	лешч (м)	['leʃɕ]
carpe (f)	карп (м)	['karp]
perche (f)	акунь (м)	[a'kunʲ]
silure (m)	сом (м)	['sɔm]
brochet (m)	шчупак (м)	[ʃɕu'pak]

| saumon (m) | ласось (м) | [la'sɔsʲ] |
| esturgeon (m) | асетр (м) | [a'setr] |

hareng (m)	селядзец (м)	[selʲa'dzets]
saumon (m) atlantique	сёмга (ж)	['sʲomɦa]
maquereau (m)	скумбрыя (ж)	['skumbrɨʲa]
flet (m)	камбала (ж)	['kambala]

sandre (f)	судак (м)	[su'dak]
morue (f)	траска (ж)	[tras'ka]
thon (m)	тунец (м)	[tu'nets]
truite (f)	стронга (ж)	['strɔnɦa]

anguille (f)	вугор (м)	[vu'ɦɔr]
torpille (f)	электрычны скат (м)	[ɛlekt'ritʃnɨ 'skat]
murène (f)	мурэна (ж)	[mu'rɛna]
piranha (m)	піранння (ж)	[pi'rannʲa]

requin (m)	акула (ж)	[a'kula]
dauphin (m)	дэльфін (м)	[dɛlʲ'fin]
baleine (f)	кіт (м)	['kit]

crabe (m)	краб (м)	['krap]
méduse (f)	медуза (ж)	[me'duza]
pieuvre (f), poulpe (m)	васьміног (м)	[vasʲmi'nɔɦ]

| étoile (f) de mer | марская зорка (ж) | [mar'skaʲa 'zɔrka] |
| oursin (m) | марскі вожык (м) | [mar'ski 'vɔʒik] |

hippocampe (m)	марскі конік (м)	[mar'ski 'kɔnik]
huître (f)	вустрыца (ж)	['vustritsa]
crevette (f)	крэветка (ж)	[krɛ'vetka]
homard (m)	амар (м)	[a'mar]
langoustine (f)	лангуст (м)	[lan'ɦust]

92. Les amphibiens. Les reptiles

serpent (m)	змяя (ж)	[zmæˈⁱa]
venimeux (adj)	ядавіты	[ⁱada'viti]
vipère (f)	гадзюка (ж)	[ɦa'dzɥka]
cobra (m)	кобра (ж)	['kɔbra]
python (m)	пітон (м)	[pi'ton]
boa (m)	удаў (м)	[u'daw]
couleuvre (f)	вуж (м)	['vuʃ]
serpent (m) à sonnettes	грымучая змяя (ж)	[ɦri'mutʃaⁱa zmæˈⁱa]
anaconda (m)	анаконда (ж)	[ana'kɔnda]
lézard (m)	яшчарка (ж)	['ⁱaʃɕarka]
iguane (m)	ігуана (ж)	[iɦu'ana]
varan (m)	варан (м)	[va'ran]
salamandre (f)	саламандра (ж)	[sala'mandra]
caméléon (m)	хамелеон (м)	[hamele'ɔn]
scorpion (m)	скарпіён (м)	[skarpiˈⁱon]
tortue (f)	чарапаха (ж)	[tʃara'paha]
grenouille (f)	жаба (ж)	['ʒaba]
crapaud (m)	рапуха (ж)	[ra'puha]
crocodile (m)	кракадзіл (м)	[kraka'dzil]

93. Les insectes

insecte (m)	насякомае (н)	[nasⁱa'kɔmae]
papillon (m)	матылёк (м)	[mati'lⁱɔk]
fourmi (f)	мурашка (ж)	[mu'raʃka]
mouche (f)	муха (ж)	['muha]
moustique (m)	камар (м)	[ka'mar]
scarabée (m)	жук (м)	['ʒuk]
guêpe (f)	аса (ж)	[a'sa]
abeille (f)	пчала (ж)	[ptʃa'la]
bourdon (m)	чмель (м)	['tʃmelⁱ]
œstre (m)	авадзень (м)	[ava'dzenⁱ]
araignée (f)	павук (м)	[pa'vuk]
toile (f) d'araignée	павуціна (ж)	[pavu'tsina]

libellule (f)	**страказа** (ж)	[straka'za]
sauterelle (f)	**конік** (м)	['kɔnik]
papillon (m)	**матыль** (м)	[ma'tilʲ]
cafard (m)	**таракан** (м)	[tara'kan]
tique (f)	**клешч** (м)	['kleʃɕ]
puce (f)	**блыха** (ж)	[bliˈha]
moucheron (m)	**мошка** (ж)	['mɔʃka]
criquet (m)	**саранча** (ж)	[saran'ʧa]
escargot (m)	**слімак** (м)	[sliˈmak]
grillon (m)	**цвыркун** (м)	[ʦvirˈkun]
luciole (f)	**светлячок** (м)	[svetlʲa'ʧɔk]
coccinelle (f)	**божая кароўка** (ж)	[bɔʒaʲa ka'rɔwka]
hanneton (m)	**хрушч** (м)	['hruʃɕ]
sangsue (f)	**п'яўка** (ж)	['pʲʲawka]
chenille (f)	**вусень** (м)	['vusenʲ]
ver (m)	**чарвяк** (м)	[ʧar'vʲak]
larve (f)	**чарвяк** (м)	[ʧar'vʲak]

BOOKS

LA FLORE

T&P Books Publishing

arbre (m)	дрэва (н)	['drɛva]
à feuilles caduques	ліставое	[lista'vɔe]
conifère (adj)	хвойнае	['hvɔjnae]
à feuilles persistantes	вечназялёнае	[vetʃnaz'a'lʲonae]
pommier (m)	яблыня (ж)	['ʲablinʲa]
poirier (m)	груша (ж)	['ɦruʃa]
merisier (m)	чарэшня (ж)	[tʃa'rɛʃnʲa]
cerisier (m)	вішня (ж)	['viʃnʲa]
prunier (m)	сліва (ж)	['sliva]
bouleau (m)	бяроза (ж)	[bʲa'rɔza]
chêne (m)	дуб (м)	['dup]
tilleul (m)	ліпа (ж)	['lipa]
tremble (m)	асіна (ж)	[a'sina]
érable (m)	клён (м)	['klʲon]
épicéa (m)	елка (ж)	['elka]
pin (m)	сасна (ж)	[sas'na]
mélèze (m)	лістоўніца (ж)	[lis'tɔwnitsa]
sapin (m)	піхта (ж)	['pihta]
cèdre (m)	кедр (м)	['kedr]
peuplier (m)	таполя (ж)	[ta'pɔlʲa]
sorbier (m)	рабіна (ж)	[ra'bina]
saule (m)	вярба (ж)	[vʲar'ba]
aune (m)	вольха (ж)	['vɔlʲha]
hêtre (m)	бук (м)	['buk]
orme (m)	вяз (м)	['vʲas]
frêne (m)	ясень (м)	['ʲasenʲ]
marronnier (m)	каштан (м)	[kaʃ'tan]
magnolia (m)	магнолія (ж)	[maɦ'nɔliʲa]
palmier (m)	пальма (ж)	['palʲma]
cyprès (m)	кіпарыс (м)	[kipa'ris]
palétuvier (m)	манграваe дрэва (н)	['manɦravae 'drɛva]
baobab (m)	баабаб (м)	[baa'bap]
eucalyptus (m)	эўкаліпт (м)	[ɛwka'lipt]
séquoia (m)	секвоя (ж)	[sek'vɔʲa]

95. Les arbustes

buisson (m)	куст (м)	['kust]
arbrisseau (m)	хмызняк (м)	[hmɨz'nʲak]
vigne (f)	вінаград (м)	[vina'ɦrat]
vigne (f) (vignoble)	вінаграднік (м)	[vina'ɦradnik]
framboise (f)	маліны (ж мн)	[ma'linɨ]
cassis (m)	чорная парэчка (ж)	['tʃornaʲa pa'rɛtʃka]
groseille (f) rouge	чырвоная парэчка (ж)	[tʃir'vonaʲa pa'rɛtʃka]
groseille (f) verte	агрэст (м)	[aɦ'rɛst]
acacia (m)	акацыя (ж)	[a'katsʲʲa]
berbéris (m)	барбарыс (м)	[barba'ris]
jasmin (m)	язмін (м)	[ʲaz'min]
genévrier (m)	ядловец (м)	[ʲad'lovets]
rosier (m)	ружавы куст (м)	['ruʐavɨ kust]
églantier (m)	шыпшына (ж)	[ʃip'ʃina]

96. Les fruits. Les baies

fruit (m)	фрукт, плод (м)	['frukt], [plot]
fruits (m pl)	садавіна (ж)	[sada'vina]
pomme (f)	яблык (м)	['ʲablɨk]
poire (f)	груша (ж)	['ɦruʃa]
prune (f)	сліва (ж)	['sliva]
fraise (f)	клубніцы (ж мн)	[klub'nitsɨ]
cerise (f)	вішня (ж)	['viʃnʲa]
merise (f)	чарэшня (ж)	[tʃa'rɛʃnʲa]
raisin (m)	вінаград (м)	[vina'ɦrat]
framboise (f)	маліны (ж мн)	[ma'linɨ]
cassis (m)	чорныя парэчкі (ж мн)	['tʃornɨʲa pa'rɛtʃki]
groseille (f) rouge	чырвоныя парэчкі (ж мн)	[tʃir'vonʲʲa pa'rɛtʃki]
groseille (f) verte	агрэст (м)	[aɦ'rɛst]
canneberge (f)	журавіны (ж мн)	[ʐura'vinɨ]
orange (f)	апельсін (м)	[apelʲ'sin]
mandarine (f)	мандарын (м)	[manda'rin]
ananas (m)	ананас (м)	[ana'nas]
banane (f)	банан (м)	[ba'nan]
datte (f)	фінік (м)	['finik]
citron (m)	лімон (м)	[li'mɔn]
abricot (m)	абрыкос (м)	[abrɨ'kɔs]
pêche (f)	персік (м)	['persik]

kiwi (m)	ківі (м)	['kivi]
pamplemousse (m)	грэйпфрут (м)	[ɦrɛjpˈfrut]
baie (f)	ягада (ж)	[ˈʲaɦada]
baies (f pl)	ягады (ж мн)	[ˈʲaɦadɨ]
airelle (f) rouge	брусніцы (ж мн)	[brusˈnitsɨ]
fraise (f) des bois	суніцы (ж мн)	[suˈnitsɨ]
myrtille (f)	чарніцы (ж мн)	[tʃarˈnitsɨ]

97. Les fleurs. Les plantes

fleur (f)	кветка (ж)	[ˈkvetka]
bouquet (m)	букет (м)	[buˈket]
rose (f)	ружа (ж)	[ˈruʒa]
tulipe (f)	цюльпан (м)	[tsʉlʲˈpan]
oeillet (m)	гваздзік (м)	[ɦvazʲˈdzik]
glaïeul (m)	гладыёлус (м)	[ɦladɨˈʲolus]
bleuet (m)	валошка (ж)	[vaˈlɔʃka]
campanule (f)	званочак (м)	[zvaˈnɔtʃak]
dent-de-lion (f)	дзьмухавец (м)	[tsʲmuhaˈvets]
marguerite (f)	рамонак (м)	[raˈmɔnak]
aloès (m)	альяс (м)	[aˈlʲas]
cactus (m)	кактус (м)	[ˈkaktus]
ficus (m)	фікус (м)	[ˈfikus]
lis (m)	лілея (ж)	[liˈleʲa]
géranium (m)	герань (ж)	[ɦeˈranʲ]
jacinthe (f)	гіяцынт (м)	[ɦiʲaˈtsint]
mimosa (m)	мімоза (ж)	[miˈmɔza]
jonquille (f)	нарцыс (м)	[narˈtsis]
capucine (f)	настурка (ж)	[naˈsturka]
orchidée (f)	архідэя (ж)	[arhiˈdɛʲa]
pivoine (f)	півоня (ж)	[piˈvɔnʲa]
violette (f)	фіялка (ж)	[fiˈʲalka]
pensée (f)	браткі (мн)	[ˈbratki]
myosotis (m)	незабудка (ж)	[nezaˈbutka]
pâquerette (f)	маргарытка (ж)	[marɦaˈritka]
coquelicot (m)	мак (м)	[ˈmak]
chanvre (m)	канoплі (мн)	[kaˈnɔpli]
menthe (f)	мята (ж)	[ˈmʲata]
muguet (m)	ландыш (м)	[ˈlandɨʃ]
perce-neige (f)	падснежнік (м)	[patˈsneʒnik]

ortie (f)	крапіва (ж)	[krapi'va]
oseille (f)	шчаўе (н)	['ʃɕawe]
nénuphar (m)	гарлачык (м)	[ɦar'latʃik]
fougère (f)	папараць (ж)	['paparatsʲ]
lichen (m)	лішайнік (м)	[liʲ'ʃajnik]

serre (f) tropicale	аранжарэя (ж)	[aranʒa'rɛʲa]
gazon (m)	газон (м)	[ɦa'zɔn]
parterre (m) de fleurs	клумба (ж)	['klumba]

plante (f)	расліна (ж)	[ras'lina]
herbe (f)	трава (ж)	[tra'va]
brin (m) d'herbe	травінка (ж)	[tra'vinka]

feuille (f)	ліст (м)	['list]
pétale (m)	пялёстак (м)	[pʲa'lʲostak]
tige (f)	сцябло (н)	[stsʲab'lɔ]
tubercule (m)	клубень (м)	['klubenʲ]

| pousse (f) | расток (м) | [ras'tɔk] |
| épine (f) | калючка (ж) | [ka'lʉtʃka] |

fleurir (vi)	цвісці	[tsʲvis'tsi]
se faner (vp)	вянуць	['vʲanutsʲ]
odeur (f)	пах (м)	['paɦ]
couper (vt)	зразаць	[zra'zatsʲ]
cueillir (fleurs)	сарваць	[sar'vatsʲ]

98. Les céréales

grains (m pl)	зерне (н)	['zerne]
céréales (f pl) (plantes)	зерневыя расліны (ж мн)	[zernevʲʲa ra'slinɨ]
épi (m)	колас (м)	['kɔlas]

blé (m)	пшаніца (ж)	[pʃa'nitsa]
seigle (m)	жыта (н)	['ʒɨta]
avoine (f)	авёс (м)	[a'vʲos]

| millet (m) | проса (н) | ['prɔsa] |
| orge (f) | ячмень (м) | [ʲatʃ'menʲ] |

maïs (m)	кукуруза (ж)	[kuku'ruza]
riz (m)	рыс (м)	['ris]
sarrasin (m)	грэчка (ж)	['ɦrɛtʃka]

pois (m)	гарох (м)	[ɦa'rɔɦ]
haricot (m)	фасоля (ж)	[fa'sɔlʲa]
soja (m)	соя (ж)	['sɔʲa]
lentille (f)	сачавіца (ж)	[satʃa'vitsa]
fèves (f pl)	боб (м)	['bɔp]

T&P BOOKS

LES PAYS DU MONDE

T&P Books Publishing

Afghanistan (m)	Афганістан	[afhani'stan]
Albanie (f)	Албанія	[al'baniʲa]
Allemagne (f)	Германія	[her'maniʲa]
Angleterre (f)	Англія	['anhliʲa]
Arabie (f) Saoudite	Саудаўская Аравія	[sa'udawskaʲa a'rawiʲa]
Argentine (f)	Аргенціна	[arhen'tsina]
Arménie (f)	Арменія	[ar'meniʲa]
Australie (f)	Аўстралія	[aw'straliʲa]
Autriche (f)	Аўстрыя	['awstriʲa]
Azerbaïdjan (m)	Азербайджан	[azerbaj'dʒan]
Bahamas (f pl)	Багамскія астравы	[ba'hamskiʲa astra'vɨ]
Bangladesh (m)	Бангладэш	[banhla'dɛʃ]
Belgique (f)	Бельгія	['belʲhiʲa]
Biélorussie (f)	Беларусь	[bela'rusʲ]
Bolivie (f)	Балівія	[ba'liviʲa]
Bosnie (f)	Боснія і Герцагавіна	['bɔsniʲa i hertsaha'vina]
Brésil (m)	Бразілія	[bra'ziliʲa]
Bulgarie (f)	Балгарыя	[bal'hariʲa]
Cambodge (m)	Камбоджа	[kam'bɔdʒa]
Canada (m)	Канада	[ka'nada]
Chili (m)	Чылі	['tʃɨli]
Chine (f)	Кітай	[ki'taj]
Chypre (m)	Кіпр	['kipr]
Colombie (f)	Калумбія	[ka'lumbiʲa]
Corée (f) du Nord	Паўночная Карэя	[paw'nɔtʃnaʲa ka'rɛʲa]
Corée (f) du Sud	Паўднёвая Карэя	[paw'dnʲovaʲa ka'rɛʲa]
Croatie (f)	Харватыя	[har'vatɨʲa]
Cuba (f)	Куба	['kuba]
Danemark (m)	Данія	['daniʲa]
Écosse (f)	Шатландыя	[ʃat'landɨʲa]
Égypte (f)	Егіпет	[e'hipet]
Équateur (m)	Эквадор	[ɛkva'dɔr]
Espagne (f)	Іспанія	[is'paniʲa]
Estonie (f)	Эстонія	[ɛs'tɔniʲa]
Les États Unis	Злучаныя Штаты Амерыкі	[zlutʃanɨʲa ʃtatɨ a'merɨki]
Fédération (f) des Émirats Arabes Unis	Аб'яднаныя Арабскія Эміраты	[abʔad'naniʲa a'rapskiʲa ɛmi'ratɨ]
Finlande (f)	Фінляндыя	[fin'lʲandɨʲa]
France (f)	Францыя	['frantsɨʲa]
Géorgie (f)	Грузія	['hruziʲa]

Ghana (m)	Гана	['ɦana]
Grande-Bretagne (f)	Вялікабрытанія	[vʲalikabrɨ'tanʲiʲa]
Grèce (f)	Грэцыя	['ɦrɛʦɨʲa]

100. Les pays du monde. Partie 2

Haïti (m)	Гаіці	[ɦa'iʦi]
Hongrie (f)	Венгрыя	['venɦrɨʲa]
Inde (f)	Індыя	['indʲa]
Indonésie (f)	Інданезія	[inda'nezʲia]
Iran (m)	Іран	[i'ran]
Iraq (m)	Ірак	[i'rak]
Irlande (f)	Ірландыя	[ir'landʲia]
Islande (f)	Ісландыя	[is'landʲia]
Israël (m)	Ізраіль	[iz'railʲ]
Italie (f)	Італія	[i'talʲia]

Jamaïque (f)	Ямайка	[ʲa'majka]
Japon (m)	Японія	[ʲa'pɔnʲia]
Jordanie (f)	Іарданія	[iar'danʲia]
Kazakhstan (m)	Казахстан	[kazah'stan]
Kenya (m)	Кенія	['kenʲia]
Kirghizistan (m)	Кыргызстан	[kirɦi'stan]
Koweït (m)	Кувейт	[ku'vejt]

Laos (m)	Лаос	[la'ɔs]
Lettonie (f)	Латвія	['latvʲia]
Liban (m)	Ліван	[li'van]
Libye (f)	Лівія	['livʲia]
Liechtenstein (m)	Ліхтэнштэйн	[lihtɛn'ʃtɛjn]
Lituanie (f)	Літва	[lit'va]
Luxembourg (m)	Люксембург	[lʉksem'burɦ]

Macédoine (f)	Македонія	[make'dɔnʲia]
Madagascar (f)	Мадагаскар	[madaɦas'kar]
Malaisie (f)	Малайзія	[ma'lajzʲia]
Malte (f)	Мальта	['malʲta]
Maroc (m)	Марока	[ma'rɔka]
Mexique (m)	Мексіка	['meksika]
Moldavie (f)	Малдова	[mal'dɔva]

Monaco (m)	Манака	[ma'naka]
Mongolie (f)	Манголія	[man'ɦɔlʲia]
Monténégro (m)	Чарнагорыя	[ʧarna'ɦɔrʲia]
Myanmar (m)	М'янма	['mʲanma]
Namibie (f)	Намібія	[na'mibʲia]
Népal (m)	Непал	[ne'pal]
Norvège (f)	Нарвегія	[nar'veɦʲia]
Nouvelle Zélande (f)	Новая Зеландыя	['nɔvaʲa ze'landʲia]
Ouzbékistan (m)	Узбекістан	[uzʲbeki'stan]

101. Les pays du monde. Partie 3

Pakistan (m)	Пакістан	[paki'stan]
Palestine (f)	Палесцінская аўтаномія	[pales'tsinska'a awta'nɔmi'a]
Panamá (m)	Панама	[pa'nama]
Paraguay (m)	Парагвай	[paraɦ'vaj]
Pays-Bas (m)	Нідэрланды	[nidɛr'landɨ]
Pérou (m)	Перу	[pe'ru]
Pologne (f)	Польшча	['pɔlʲʃɕa]
Polynésie (f) Française	Французская Палінезія	[fran'tsuska'a pali'nezi'a]
Portugal (m)	Партугалія	[partu'ɦali'a]
République (f) Dominicaine	Дамініканская Рэспубліка	[damini'kanska'a rɛs'publika]
République (f) Sud-africaine	Паўднёва-Афрыканская Рэспубліка	[paw'dnʲova afri'kanska'a rɛs'publika]
République (f) Tchèque	Чэхія	['tʃɛhi'a]
Roumanie (f)	Румынія	[ru'mɨni'a]
Russie (f)	Расія	[ra'si'a]
Sénégal (m)	Сенегал	[sene'ɦal]
Serbie (f)	Сербія	['serbi'a]
Slovaquie (f)	Славакія	[sla'vaki'a]
Slovénie (f)	Славенія	[sla'veni'a]
Suède (f)	Швецыя	['ʃvetsi'a]
Suisse (f)	Швейцарыя	[ʃvej'tsari'a]
Surinam (m)	Сурынам	[suri'nam]
Syrie (f)	Сірыя	['siri'a]
Tadjikistan (m)	Таджыкістан	[tadʒiki'stan]
Taïwan (m)	Тайвань	[taj'vanʲ]
Tanzanie (f)	Танзанія	[tan'zani'a]
Tasmanie (f)	Тасманія	[tas'mani'a]
Thaïlande (f)	Тайланд	[taj'lant]
Tunisie (f)	Туніс	[tu'nis]
Turkménistan (m)	Туркменістан	[turkmeni'stan]
Turquie (f)	Турцыя	['turtsi'a]
Ukraine (f)	Украіна	[ukra'ina]
Uruguay (m)	Уругвай	[uruɦ'vaj]
Vatican (m)	Ватыкан	[vati'kan]
Venezuela (f)	Венесуэла	[venesu'ɛla]
Vietnam (m)	В'етнам	[vʲet'nam]
Zanzibar (m)	Занзібар	[zanzi'bar]

GLOSSAIRE
GASTRONOMIQUE

Cette section contient
beaucoup de mots associés
à la nourriture. Ce dictionnaire
vous facilitera la tâche
de comprendre le menu
et de commander le bon plat
au restaurant

T&P Books Publishing

Français	Biélorusse	Prononciation
épi (m)	колас (м)	['kɔlas]
épice (f)	духмяная спецыя (ж)	[duh'mʲanaʲa 'spetsʲʲa]
épinard (m)	шпінат (м)	[ʃpi'nat]
œuf (m)	яйка (н)	['ʲajka]
abricot (m)	абрыкос (м)	[abri'kɔs]
addition (f)	рахунак (м)	[ra'hunak]
ail (m)	часнок (м)	[tʃas'nɔk]
airelle (f) rouge	брусніцы (ж мн)	[brus'nitsi]
amande (f)	міндаль (м)	[min'dalʲ]
amanite (f) tue-mouches	мухамор (м)	[muha'mɔr]
amer (adj)	горкі	['hɔrki]
ananas (m)	ананас (м)	[ana'nas]
anguille (f)	вугор (м)	[vu'hɔr]
anis (m)	аніс (м)	[a'nis]
apéritif (m)	аперытыў (м)	[aperi'tiw]
appétit (m)	апетыт (м)	[ape'tit]
arrière-goût (m)	прысмак (м)	['prismak]
artichaut (m)	артышок (м)	[arti'ʃɔk]
asperge (f)	спаржа (ж)	['sparʒa]
assiette (f)	талерка (ж)	[ta'lerka]
aubergine (f)	баклажан (м)	[bakla'ʒan]
avec de la glace	з лёдам	[zʲ 'lʲodam]
avocat (m)	авакада (н)	[ava'kada]
avoine (f)	авёс (м)	[a'vʲos]
bacon (m)	бекон (м)	[be'kɔn]
baie (f)	ягада (ж)	['ʲahada]
baies (f pl)	ягады (ж мн)	['ʲahadi]
banane (f)	банан (м)	[ba'nan]
bar (m)	бар (м)	['bar]
barman (m)	бармэн (м)	[bar'mɛn]
basilic (m)	базілік (м)	[bazi'lik]
betterave (f)	бурак (м)	[bu'rak]
beurre (m)	масла (н)	['masla]
bière (f)	піва (н)	['piva]
bière (f) blonde	светлае піва (н)	['svetlae 'piva]
bière (f) brune	цёмнае піва (н)	['tsʲomnae 'piva]
biscuit (m)	печыва (н)	['petʃiva]
blé (m)	пшаніца (ж)	[pʃa'nitsa]
blanc (m) d'œuf	бялок (м)	[bʲa'lɔk]
boisson (f) non alcoolisée	безалкагольны напітак (м)	[bezalka'hɔlʲnі na'pitak]
boissons (f pl) alcoolisées	алкагольныя напіткі (м мн)	[alka'hɔlʲnіʲa na'pitki]
bolet (m) bai	падбярозавік (м)	[padbʲa'rɔzavik]

bolet (m) orangé	падасінавік (м)	[pada'sinavik]
bon (adj)	смачны	['smatʃnɨ]
Bon appétit!	Смачна есці!	[smatʃna 'esʲtsi]
bonbon (m)	цукерка (ж)	[ʦu'kerka]
bouillie (f)	каша (ж)	['kaʃa]
bouillon (m)	булён (м)	[bu'lʲon]
brème (f)	лешч (м)	['leʃɕ]
brochet (m)	шчупак (м)	[ʃɕu'pak]
brocoli (m)	капуста (ж) браколі	[ka'pusta bra'kɔli]
cèpe (m)	баравік (м)	[bara'vik]
céleri (m)	сельдэрэй (м)	[selʲdɛ'rɛj]
céréales (f pl)	зерневыя расліны (ж мн)	[zernevɨʲa ra'slinɨ]
cacahuète (f)	арахіс (м)	[a'rahis]
café (m)	кава (ж)	['kava]
café (m) au lait	кава (ж) з малаком	['kava z mala'kɔm]
café (m) noir	чорная кава (ж)	['tʃornaʲa 'kava]
café (m) soluble	растваральная кава (ж)	[rastva'ralʲnaʲa 'kava]
calamar (m)	кальмар (м)	[kalʲ'mar]
calorie (f)	калорыя (ж)	[ka'lɔrɨʲa]
canard (m)	качка (ж)	['katʃka]
canneberge (f)	журавіны (ж мн)	[ʒura'vinɨ]
cannelle (f)	карыца (ж)	[ka'rɨtsa]
cappuccino (m)	кава (ж) з вяршкамі	['kava zʲ vʲarʃ'kami]
carotte (f)	морква (ж)	['mɔrkva]
carpe (f)	карп (м)	['karp]
carte (f)	меню (н)	[me'nʉ]
carte (f) des vins	карта (ж) вінаў	['karta 'vinaw]
cassis (m)	чорныя парэчкі (ж мн)	['tʃornɨʲa pa'rɛtʃki]
caviar (m)	ікра (ж)	[ik'ra]
cerise (f)	вішня (ж)	['viʃnʲa]
champagne (m)	шампанскае (н)	[ʃam'panskae]
champignon (m)	грыб (м)	['ɦrɨp]
champignon (m) comestible	ядомы грыб (м)	[ʲa'dɔmɨ 'ɦrɨp]
champignon (m) vénéneux	атрутны грыб (м)	[a'trutnɨ 'ɦrɨp]
chaud (adj)	гарачы	[ɦa'ratʃɨ]
chocolat (m)	шакалад (м)	[ʃaka'lat]
chou (m)	капуста (ж)	[ka'pusta]
chou (m) de Bruxelles	брусельская капуста (ж)	[bru'selʲskaʲa ka'pusta]
chou-fleur (m)	квяцістая капуста (ж)	[kvʲaʲtsistaʲa ka'pusta]
citron (m)	лімон (м)	[li'mɔn]
clou (m) de girofle	гваздзіка (ж)	[ɦvazʲ'dzika]
cocktail (m)	кактэйль (м)	[kak'tɛjlʲ]
cocktail (m) au lait	малочны кактэйль (м)	[ma'lɔtʃnɨ kak'tɛjlʲ]
cognac (m)	каньяк (м)	[ka'nʲak]
concombre (m)	агурок (м)	[aɦu'rɔk]
condiment (m)	прыправа (ж)	[prɨp'rava]
confiserie (f)	кандытарскія вырабы (м мн)	[kan'dɨtarskiʲa 'vɨrabɨ]
confiture (f)	джэм (м)	['dʒɛm]
confiture (f)	варэнне (н)	[va'rɛnne]

congelé (adj)	замарожаны	[zamaˈrɔʒani]
conserves (f pl)	кансервы (ж мн)	[kanˈservi]
coriandre (m)	каляндра (ж)	[kaˈlʲandra]
courgette (f)	кабачок (м)	[kabaˈʧɔk]
couteau (m)	нож (м)	[ˈnɔʃ]
crème (f)	вяршкі (мн)	[vʲarˈʃki]
crème (f) aigre	смятана (ж)	[smʲaˈtana]
crème (f) au beurre	крэм (м)	[ˈkrɛm]
crabe (m)	краб (м)	[ˈkrap]
crevette (f)	крэветка (ж)	[krɛˈvetka]
crustacés (m pl)	ракападобныя (мн)	[rakapaˈdobniʲa]
cuillère (f)	лыжка (ж)	[ˈliʃka]
cuillère (f) à soupe	сталовая лыжка (ж)	[staˈlovaʲa ˈliʃka]
cuisine (f)	кухня (ж)	[ˈkuhnʲa]
cuisse (f)	кумпяк (м)	[kumˈpʲak]
cuit à l'eau (adj)	вараны	[ˈvarani]
cumin (m)	кмен (м)	[ˈkmen]
cure-dent (m)	зубачыстка (ж)	[zubaˈʧistka]
déjeuner (m)	абед (м)	[aˈbet]
dîner (m)	вячэра (ж)	[vʲaˈʧɛra]
datte (f)	фінік (м)	[ˈfinik]
dessert (m)	дэсерт (м)	[dɛˈsert]
dinde (f)	індычка (ж)	[inˈditʃka]
du bœuf	ялавічына (ж)	[ˈʲalavitʃina]
du mouton	бараніна (ж)	[baˈranina]
du porc	свініна (ж)	[sviˈnina]
du veau	цяляціна (ж)	[ʦʲaˈlʲatsina]
eau (f)	вада (ж)	[vaˈda]
eau (f) minérale	мінеральная вада (ж)	[mineˈralʲnaʲa vaˈda]
eau (f) potable	пітная вада (ж)	[pitˈnaʲa vaˈda]
en chocolat (adj)	шакаладны	[ʃakaˈladni]
esturgeon (m)	асятрына (ж)	[asʲaˈtrina]
fèves (f pl)	боб (м)	[ˈbɔp]
farce (f)	фарш (м)	[ˈfarʃ]
farine (f)	мука (ж)	[muˈka]
fenouil (m)	кроп (м)	[ˈkrɔp]
feuille (f) de laurier	лаўровы ліст (м)	[lawˈrɔvi ˈlist]
figue (f)	інжыр (м)	[inˈʒir]
flétan (m)	палтус (м)	[ˈpaltus]
flet (m)	камбала (ж)	[ˈkambala]
foie (m)	печань (ж)	[ˈpeʧanʲ]
fourchette (f)	відэлец (м)	[viˈdɛlets]
fraise (f)	клубніцы (ж мн)	[klubˈnitsi]
fraise (f) des bois	суніцы (ж мн)	[suˈnitsi]
framboise (f)	маліны (ж мн)	[maˈlini]
frit (adj)	смажаны	[ˈsmaʒani]
froid (adj)	халодны	[haˈlodni]
fromage (m)	сыр (м)	[ˈsir]
fruit (m)	фрукт (м)	[ˈfrukt]
fruits (m pl)	садавіна (ж)	[sadaˈvina]
fruits (m pl) de mer	морапрадукты (м мн)	[mɔrapraˈdukti]
fumé (adj)	вэнджаны	[ˈvɛndʒani]

gâteau (m)	пірожнае (н)	[piˈrɔʒnae]
gâteau (m)	пірог (м)	[piˈrɔɦ]
garniture (f)	начынка (ж)	[naˈt͡ʂinka]
garniture (f)	гарнір (м)	[ɦarˈnir]
gaufre (f)	вафлі (ж мн)	[ˈvafli]
gazeuse (adj)	газіраваны	[ɦaziraˈvani]
gibier (m)	дзічына (ж)	[d͡ziˈt͡ʂina]
gin (m)	джын (м)	[ˈd͡ʐin]
gingembre (m)	імбір (м)	[imˈbir]
girolle (f)	лісічка (ж)	[liˈsit͡ʂka]
glace (f)	лёд (м)	[ˈlʲot]
glace (f)	марожанае (н)	[maˈrɔʒanae]
glucides (m pl)	вугляводы (м мн)	[vuɦlʲaˈvɔdi]
goût (m)	смак (м)	[ˈsmak]
gomme (f) à mâcher	жавальная гумка (ж)	[ʐaˈvalʲnaʲa ˈɦumka]
grains (m pl)	зерне (н)	[ˈzerne]
grenade (f)	гранат (м)	[ɦraˈnat]
groseille (f) rouge	чырвоныя парэчкі (ж мн)	[t͡ʂirˈvɔnʲʲa paˈrɛt͡ʂki]
groseille (f) verte	агрэст (м)	[aɦˈrɛst]
gruau (m)	крупы (мн)	[ˈkrupi]
hamburger (m)	гамбургер (м)	[ˈɦamburɦer]
hareng (m)	селядзец (м)	[selʲaˈd͡zet͡s]
haricot (m)	фасоля (ж)	[faˈsɔlʲa]
hors-d'œuvre (m)	закуска (ж)	[zaˈkuska]
huître (f)	вустрыца (ж)	[ˈvustrit͡sa]
huile (f) d'olive	алей (м) аліўкавы	[aˈlej aˈliwkavi]
huile (f) de tournesol	сланечнікавы алей (м)	[slaˈnet͡ʂnikavi aˈlej]
huile (f) végétale	алей (м)	[aˈlej]
jambon (m)	вяндліна (ж)	[vʲandˈlina]
jaune (m) d'œuf	жаўток (м)	[ʐawˈtɔk]
jus (m)	сок (м)	[ˈsɔk]
jus (m) d'orange	апельсінавы сок (м)	[apelʲˈsinavi ˈsɔk]
jus (m) de tomate	таматны сок (м)	[taˈmatni ˈsɔk]
jus (m) pressé	свежавыціснуты сок (м)	[sveʐaˈvit͡sisnuti ˈsɔk]
kiwi (m)	ківі (м)	[ˈkivi]
légumes (m pl)	гародніна (ж)	[ɦaˈrɔdnina]
lait (m)	малако (н)	[malaˈkɔ]
lait (m) condensé	згушчанае малако (н)	[ˈzɦuʂt͡ʂanae malaˈkɔ]
laitue (f), salade (f)	салата (ж)	[saˈlata]
langoustine (f)	лангуст (м)	[lanˈɦust]
langue (f)	язык (м)	[ʲaˈzik]
lapin (m)	трус (м)	[ˈtrus]
lentille (f)	сачавіца (ж)	[sat͡ʂaˈvit͡sa]
les œufs	яйкі (н мн)	[ˈʲajki]
les œufs brouillés	яечня (ж)	[ʲaˈet͡ʂnʲa]
limonade (f)	ліманад (м)	[limaˈnat]
lipides (m pl)	тлушчы (м мн)	[tluˈʂt͡ɕi]
liqueur (f)	лікёр (м)	[liˈkʲor]
mûre (f)	ажыны (ж мн)	[aˈʒini]
maïs (m)	кукуруза (ж)	[kukuˈruza]
maïs (m)	кукуруза (ж)	[kukuˈruza]
mandarine (f)	мандарын (м)	[mandaˈrin]

mangue (f)	манга (н)	['manɦa]
maquereau (m)	скумбрыя (ж)	['skumbriʲa]
margarine (f)	маргарын (м)	[marɦa'rin]
mariné (adj)	марынаваны	[marina'vani]
marmelade (f)	мармелад (м)	[marme'lat]
melon (m)	дыня (ж)	['dinʲa]
merise (f)	чарэшня (ж)	[tʃa'rɛʃnʲa]
miel (m)	мёд (м)	['mʲot]
miette (f)	крошка (ж)	['krɔʃka]
millet (m)	проса (н)	['prɔsa]
morceau (m)	кавалак (м)	[ka'valak]
morille (f)	смаржок (м)	[smar'ʒɔk]
morue (f)	траска (ж)	[tras'ka]
moutarde (f)	гарчыца (ж)	[ɦar'tʃitsa]
myrtille (f)	чарніцы (ж мн)	[tʃar'nitsi]
navet (m)	рэпа (ж)	['rɛpa]
noisette (f)	арэх (м)	[a'rɛh]
noix (f)	арэх (м)	[a'rɛh]
noix (f) de coco	арэх (м) какосавы	[a'rɛh ka'kɔsavi]
nouilles (f pl)	локшына (ж)	['lɔkʃina]
nourriture (f)	ежа (ж)	['eʒa]
oie (f)	гусь (ж)	['ɦusʲ]
oignon (m)	цыбуля (ж)	[tsi'bulʲa]
olives (f pl)	алівы (ж мн)	[a'livi]
omelette (f)	амлет (м)	[am'let]
orange (f)	апельсін (м)	[apelʲ'sin]
orge (f)	ячмень (м)	[ʲatʃ'menʲ]
oronge (f) verte	паганка (ж)	[pa'ɦanka]
ouvre-boîte (m)	адкрывалка (ж)	[atkri'valka]
ouvre-bouteille (m)	адкрывалка (ж)	[atkri'valka]
pâté (m)	паштэт (м)	[paʃ'tɛt]
pâtes (m pl)	макарона (ж)	[maka'rɔna]
pétales (m pl) de maïs	кукурузныя шматкі (м мн)	[kuku'ruznɨʲa ʃmat'ki]
pétillante (adj)	з газам	[z 'ɦazam]
pêche (f)	персік (м)	['persik]
pain (m)	хлеб (м)	['hlep]
pamplemousse (m)	грэйпфрут (м)	[ɦrɛjp'frut]
papaye (f)	папайя (ж)	[pa'paʲa]
paprika (m)	папрыка (ж)	['paprika]
pastèque (f)	кавун (м)	[ka'vun]
peau (f)	лупіна (ж)	[lu'pina]
perche (f)	акунь (м)	[a'kunʲ]
persil (m)	пятрушка (ж)	[pʲat'ruʃka]
petit déjeuner (m)	сняданак (м)	[snʲa'danak]
petite cuillère (f)	чайная лыжка (ж)	['tʃajnaʲa 'liʃka]
pistaches (f pl)	фісташкі (ж мн)	[fis'taʃki]
pizza (f)	піца (ж)	['pitsa]
plat (m)	страва (ж)	['strava]
plate (adj)	без газу	[bʲaz 'ɦazu]
poire (f)	груша (ж)	['ɦruʃa]
pois (m)	гарох (м)	[ɦa'rɔh]
poisson (m)	рыба (ж)	['riba]

poivre (m) noir	чорны перац (м)	['tʃɔrnɨ 'perats]
poivre (m) rouge	чырвоны перац (м)	[tʃɨr'vɔnɨ 'perats]
poivron (m)	перац (м)	['perats]
pomme (f)	яблык (м)	['ʲablɨk]
pomme (f) de terre	бульба (ж)	['bulʲba]
portion (f)	порцыя (ж)	['pɔrtsʲʲa]
potiron (m)	гарбуз (м)	[har'bus]
poulet (m)	курыца (ж)	['kurɨtsa]
pourboire (m)	чаявыя (мн)	[tʃaʲa'vʲʲa]
protéines (f pl)	бялкі (м мн)	[bʲal'ki]
prune (f)	сліва (ж)	['sliva]
purée (f)	бульбяное пюрэ (н)	[bulʲbʲa'nɔe pʉ'rɛ]
régime (m)	дыета (ж)	[di'eta]
radis (m)	радыска (ж)	[ra'diska]
rafraîchissement (m)	прахаладжальны напітак (м)	[prahala'dʒalʲnɨ na'pitak]
raifort (m)	хрэн (м)	['hrɛn]
raisin (m)	вінаград (м)	[vina'hrat]
raisin (m) sec	разынкі (ж мн)	[ra'zɨnki]
recette (f)	рэцэпт (м)	[rɛ'tsɛpt]
requin (m)	акула (ж)	[a'kula]
rhum (m)	ром (м)	['rɔm]
riz (m)	рыс (м)	['ris]
russule (f)	сыраежка (ж)	[sɨra'eʃka]
sésame (m)	кунжут (м)	[kun'ʒut]
safran (m)	шафран (м)	[ʃaf'ran]
salé (adj)	салёны	[sa'lʲonɨ]
salade (f)	салата (ж)	[sa'lata]
sandre (f)	судак (м)	[su'dak]
sandwich (m)	бутэрброд (м)	[buter'brɔt]
sans alcool	безалкагольны	[bezalka'hɔlʲnɨ]
sardine (f)	сардзіна (ж)	[sar'dzina]
sarrasin (m)	грэчка (ж)	['hrɛtʃka]
sauce (f)	соус (м)	['sɔus]
sauce (f) mayonnaise	маянэз (м)	[maʲa'nɛs]
saucisse (f)	сасіска (ж)	[sa'siska]
saucisson (m)	каўбаса (ж)	[kawba'sa]
saumon (m)	ласось (м)	[la'sɔsʲ]
saumon (m) atlantique	сёмга (ж)	['sʲomha]
sec (adj)	сушаны	['suʃanɨ]
seigle (m)	жыта (н)	['ʒɨta]
sel (m)	соль (ж)	['sɔlʲ]
serveur (m)	афіцыянт (м)	[afitsɨʲ'ant]
serveuse (f)	афіцыянтка (ж)	[afitsɨʲ'antka]
silure (m)	сом (м)	['sɔm]
soja (m)	соя (ж)	['sɔʲa]
soucoupe (f)	сподак (м)	['spɔdak]
soupe (f)	суп (м)	['sup]
spaghettis (m pl)	спагеці (мн)	[spa'hetsi]
steak (m)	біфштэкс (м)	[bif'ʃtɛks]
sucré (adj)	салодкі	[sa'lɔtki]
sucre (m)	цукар (м)	['tsukar]

tarte (f)	торт (м)	['tɔrt]
tasse (f)	кубак (м)	['kubak]
thé (m)	чай (м)	['ʧaj]
thé (m) noir	чорны чай (м)	['ʧɔrni 'ʧaj]
thé (m) vert	зялёны чай (м)	[zʲa'lʲoni 'ʧaj]
thon (m)	тунец (м)	[tu'nets]
tire-bouchon (m)	штопар (м)	['ʃtɔpar]
tomate (f)	памідор (м)	[pami'dɔr]
tranche (f)	лустачка (ж)	['lustaʧka]
truite (f)	стронга (ж)	['strɔnɦa]
végétarien (adj)	вегетарыянскі	[veɦetariʲʲanski]
végétarien (m)	вегетарыянец (м)	[veɦetariʲʲaneʦ]
verdure (f)	зеляніна (ж)	[zelʲa'nina]
vermouth (m)	вермут (м)	['vermut]
verre (m)	шклянка (ж)	['ʃklʲanka]
verre (m) à vin	келіх (м)	['kelih]
viande (f)	мяса (н)	['mʲasa]
vin (m)	віно (н)	[vi'nɔ]
vin (m) blanc	белае віно (н)	['belae vi'nɔ]
vin (m) rouge	чырвонае віно (н)	[ʧir'vɔnae vi'nɔ]
vinaigre (m)	воцат (м)	['vɔʦat]
vitamine (f)	вітамін (м)	[vita'min]
vodka (f)	гарэлка (ж)	[ɦa'rɛlka]
whisky (m)	віскі (н)	['viski]
yogourt (m)	ёгурт (м)	['ʲoɦurt]

Biélorusse-Français glossaire gastronomique

абед (м)	[a'bet]	déjeuner (m)
абрыкос (м)	[abrɨ'kɔs]	abricot (m)
авакада (н)	[ava'kada]	avocat (m)
авёс (м)	[a'vʲos]	avoine (f)
агрэст (м)	[aɦ'rɛst]	groseille (f) verte
агурок (м)	[aɦu'rɔk]	concombre (m)
адкрывалка (ж)	[atkrɨ'valka]	ouvre-bouteille (m)
адкрывалка (ж)	[atkrɨ'valka]	ouvre-boîte (m)
ажыны (ж мн)	[a'ʒɨnɨ]	mûre (f)
акула (ж)	[a'kula]	requin (m)
акунь (м)	[a'kunʲ]	perche (f)
алей (м)	[a'lej]	huile (f) végétale
алей (м) аліўкавы	[a'lej a'liwkavɨ]	huile (f) d'olive
алівы (ж мн)	[a'livɨ]	olives (f pl)
алкагольныя напіткі (м мн)	[alka'ɦolʲnʲa na'pitki]	boissons (f pl) alcoolisées
амлет (м)	[am'let]	omelette (f)
ананас (м)	[ana'nas]	ananas (m)
аніс (м)	[a'nis]	anis (m)
апельсін (м)	[apelʲ'sin]	orange (f)
апельсінавы сок (м)	[apelʲ'sinavɨ 'sɔk]	jus (m) d'orange
аперытыў (м)	[aperɨ'tɨw]	apéritif (m)
апетыт (м)	[ape'tɨt]	appétit (m)
арахіс (м)	[a'rahis]	cacahuète (f)
артышок (м)	[artɨ'ʃɔk]	artichaut (m)
арэх (м)	[a'rɛɦ]	noix (f)
арэх (м)	[a'rɛɦ]	noisette (f)
арэх (м) какосавы	[a'rɛɦ ka'kɔsavɨ]	noix (f) de coco
асятрына (ж)	[asʲa'trɨna]	esturgeon (m)
атрутны грыб (м)	[a'trutnɨ 'ɦrɨp]	champignon (m) vénéneux
афіцыянт (м)	[afitsɨ'ʲant]	serveur (m)
афіцыянтка (ж)	[afitsɨ'ʲantka]	serveuse (f)
базілік (м)	[bazi'lik]	basilic (m)
баклажан (м)	[bakla'ʒan]	aubergine (f)
банан (м)	[ba'nan]	banane (f)
бар (м)	['bar]	bar (m)
баравік (м)	[bara'vik]	cèpe (m)
бараніна (ж)	[ba'ranina]	du mouton
бармэн (м)	[bar'mɛn]	barman (m)
без газу	[bʲaz 'ɦazu]	plate (adj)
безалкагольны	[bezalka'ɦolʲnɨ]	sans alcool
безалкагольны напітак (м)	[bezalka'ɦolʲnɨ na'pitak]	boisson (f) non alcoolisée

бекон (м)	[be'kɔn]	bacon (m)
белае віно (н)	['belae vi'nɔ]	vin (m) blanc
біфштэкс (м)	[bif'ʃtɛks]	steak (m)
боб (м)	['bɔp]	fèves (f pl)
брусельская капуста (ж)	[bru'selʲskaʲa ka'pusta]	chou (m) de Bruxelles
брусніцы (ж мн)	[brus'nitsi]	airelle (f) rouge
булён (м)	[bu'lʲon]	bouillon (m)
бульба (ж)	['bulʲba]	pomme (f) de terre
бульбяное пюрэ (н)	[bulʲbʲa'nɔe pu'rɛ]	purée (f)
бурак (м)	[bu'rak]	betterave (f)
бутэрброд (м)	[butɛr'brɔt]	sandwich (m)
бялкі (м мн)	[bʲal'ki]	protéines (f pl)
бялок (м)	[bʲa'lɔk]	blanc (m) d'œuf
вада (ж)	[va'da]	eau (f)
вараны	['varani]	cuit à l'eau (adj)
варэнне (н)	[va'rɛnne]	confiture (f)
вафлі (ж мн)	['vafli]	gaufre (f)
вегетарыянец (м)	[veɦetari'ʲanets]	végétarien (m)
вегетарыянскі	[veɦetari'ʲanski]	végétarien (adj)
вермут (м)	['vermut]	vermouth (m)
відэлец (м)	[vi'dɛlets]	fourchette (f)
вінаград (м)	[vina'ɦrat]	raisin (m)
віно (н)	[vi'nɔ]	vin (m)
віскі (н)	['viski]	whisky (m)
вітамін (м)	[vita'min]	vitamine (f)
вішня (ж)	['viʃnʲa]	cerise (f)
воцат (м)	['vɔtsat]	vinaigre (m)
вугляводы (м мн)	[vuɦlʲa'vɔdi]	glucides (m pl)
вугор (м)	[vu'ɦor]	anguille (f)
вустрыца (ж)	['vustritsa]	huître (f)
вэнджаны	['vɛndʒani]	fumé (adj)
вяндліна (ж)	[vʲand'lina]	jambon (m)
вяршкі (мн)	[vʲar'ʃki]	crème (f)
вячэра (ж)	[vʲa'tʃɛra]	dîner (m)
газіраваны	[ɦazira'vani]	gazeuse (adj)
гамбургер (м)	['ɦamburɦer]	hamburger (m)
гарачы	[ɦa'ratʃi]	chaud (adj)
гарбуз (м)	[ɦar'bus]	potiron (m)
гарнір (м)	[ɦar'nir]	garniture (f)
гародніна (ж)	[ɦa'rɔdnina]	légumes (m pl)
гарох (м)	[ɦa'rɔɦ]	pois (m)
гарчыца (ж)	[ɦar'tʃitsa]	moutarde (f)
гарэлка (ж)	[ɦa'rɛlka]	vodka (f)
гваздзіка (ж)	[ɦvazʲ'dzika]	clou (m) de girofle
горкі	['ɦorki]	amer (adj)
гранат (м)	[ɦra'nat]	grenade (f)
груша (ж)	['ɦruʃa]	poire (f)
грыб (м)	['ɦrip]	champignon (m)
грэйпфрут (м)	[ɦrɛjp'frut]	pamplemousse (m)
грэчка (ж)	['ɦrɛtʃka]	sarrasin (m)
гусь (ж)	['ɦusʲ]	oie (f)
джын (м)	['dʒin]	gin (m)

джэм (м)	['dʒɛm]	confiture (f)
дзічына (ж)	[dzi'tʃina]	gibier (m)
духмяная спецыя (ж)	[duh'mʲanaʲa 'spetsiʲa]	épice (f)
дыета (ж)	[di'eta]	régime (m)
дыня (ж)	['dinʲa]	melon (m)
дэсерт (м)	[dɛ'sert]	dessert (m)
ежа (ж)	['eʒa]	nourriture (f)
ёгурт (м)	['ʲohurt]	yogourt (m)
жавальная гумка (ж)	[ʒa'valʲnaʲa 'humka]	gomme (f) à mâcher
жаўток (м)	[ʒaw'tɔk]	jaune (m) d'œuf
журавіны (ж мн)	[ʒura'vinʲi]	canneberge (f)
жыта (н)	['ʒita]	seigle (m)
з газам	[z 'hazam]	pétillante (adj)
з лёдам	[zʲ 'lʲodam]	avec de la glace
закуска (ж)	[za'kuska]	hors-d'œuvre (m)
замарожаны	[zama'roʒani]	congelé (adj)
згушчанае малако (н)	['zɦuʃɕanae mala'kɔ]	lait (m) condensé
зелянína (ж)	[zelʲa'nina]	verdure (f)
зерне (н)	['zerne]	grains (m pl)
зерневыя расліны (ж мн)	[zerneviʲa ra'slini]	céréales (f pl)
зубачыстка (ж)	[zuba'tʃistka]	cure-dent (m)
зялёны чай (м)	[zʲa'lʲoni 'tʃaj]	thé (m) vert
ікра (ж)	[ik'ra]	caviar (m)
імбір (м)	[im'bir]	gingembre (m)
індычка (ж)	[in'ditʃka]	dinde (f)
інжыр (м)	[in'ʒir]	figue (f)
кабачок (м)	[kaba'tʃɔk]	courgette (f)
кава (ж)	['kava]	café (m)
кава (ж) з вяршкамі	['kava zʲ vʲarʃ'kami]	cappuccino (m)
кава (ж) з малаком	['kava z mala'kɔm]	café (m) au lait
кавалак (м)	[ka'valak]	morceau (m)
кавун (м)	[ka'vun]	pastèque (f)
кактэйль (м)	[kak'tɛjlʲ]	cocktail (m)
калорыя (ж)	[ka'lɔriʲa]	calorie (f)
кальмар (м)	[kalʲ'mar]	calamar (m)
каляндра (ж)	[ka'lʲandra]	coriandre (m)
камбала (ж)	['kambala]	flet (m)
кандытарскія вырабы (м мн)	[kan'ditarskiʲa 'virabi]	confiserie (f)
кансервы (ж мн)	[kan'servi]	conserves (f pl)
каньяк (м)	[ka'nʲak]	cognac (m)
капуста (ж)	[ka'pusta]	chou (m)
капуста (ж) браколі	[ka'pusta bra'kɔli]	brocoli (m)
карп (м)	['karp]	carpe (f)
карта (ж) вінаў	['karta 'vinaw]	carte (f) des vins
карыца (ж)	[ka'ritsa]	cannelle (f)
каўбаса (ж)	[kawba'sa]	saucisson (m)
качка (ж)	['katʃka]	canard (m)
каша (ж)	['kaʃa]	bouillie (f)
квяцістая капуста (ж)	[kvʲa'tsistaʲa ka'pusta]	chou-fleur (m)
келіх (м)	['kelih]	verre (m) à vin
ківі (м)	['kivi]	kiwi (m)

клубніцы (ж мн)	[klub'nitsi]	fraise (f)
кмен (м)	['kmen]	cumin (m)
колас (м)	['kɔlas]	épi (m)
краб (м)	['krap]	crabe (m)
кроп (м)	['krɔp]	fenouil (m)
крошка (ж)	['krɔʃka]	miette (f)
крупы (мн)	['krupɨ]	gruau (m)
крэветка (ж)	[krɛ'vetka]	crevette (f)
крэм (м)	['krɛm]	crème (f) au beurre
кубак (м)	['kubak]	tasse (f)
кукуруза (ж)	[kuku'ruza]	maïs (m)
кукуруза (ж)	[kuku'ruza]	maïs (m)
кукурузныя шматкі (м мн)	[kuku'ruzniʲa ʃmat'ki]	pétales (m pl) de maïs
кумпяк (м)	[kum'pʲak]	cuisse (f)
кунжут (м)	[kun'ʒut]	sésame (m)
курыца (ж)	['kuritsa]	poulet (m)
кухня (ж)	['kuhnʲa]	cuisine (f)
лангуст (м)	[lan'ɦust]	langoustine (f)
ласось (м)	[la'sɔsʲ]	saumon (m)
лаўровы ліст (м)	[law'rɔvɨ 'list]	feuille (f) de laurier
лешч (м)	['leʃɕ]	brème (f)
лёд (м)	['lʲot]	glace (f)
лікёр (м)	[li'kʲor]	liqueur (f)
ліманад (м)	[lima'nat]	limonade (f)
лімон (м)	[li'mɔn]	citron (m)
лісічка (ж)	[li'sitʃka]	girolle (f)
локшына (ж)	['lɔkʃɨna]	nouilles (f pl)
лупіна (ж)	[lu'pina]	peau (f)
лустачка (ж)	['lustatʃka]	tranche (f)
лыжка (ж)	['lɨʃka]	cuillère (f)
макарона (ж)	[maka'rɔna]	pâtes (m pl)
малако (н)	[mala'kɔ]	lait (m)
маліны (ж мн)	[ma'linɨ]	framboise (f)
малочны кактэйль (м)	[ma'lɔtʃnɨ kak'tɛjlʲ]	cocktail (m) au lait
манга (н)	['manɦa]	mangue (f)
мандарын (м)	[manda'rin]	mandarine (f)
маргарын (м)	[marɦa'rin]	margarine (f)
мармелад (м)	[marme'lat]	marmelade (f)
марожанае (н)	[ma'rɔʒanae]	glace (f)
марынаваны	[marɨna'vanɨ]	mariné (adj)
масла (н)	['masla]	beurre (m)
маянэз (м)	[maʲa'nɛs]	sauce (f) mayonnaise
меню (н)	[me'nʉ]	carte (f)
мёд (м)	['mʲot]	miel (m)
міндаль (м)	[min'dalʲ]	amande (f)
мінеральная вада (ж)	[mine'ralʲnaʲa va'da]	eau (f) minérale
морапрадукты (м мн)	[mɔrapra'duktɨ]	fruits (m pl) de mer
морква (ж)	['mɔrkva]	carotte (f)
мука (ж)	[mu'ka]	farine (f)
мухамор (м)	[muha'mɔr]	amanite (f) tue-mouches
мяса (н)	['mʲasa]	viande (f)
начынка (ж)	[na'tʃinka]	garniture (f)

нож (м)	['nɔʃ]	couteau (m)
паганка (ж)	[pa'hanka]	oronge (f) verte
падасінавік (м)	[pada'sinavik]	bolet (m) orangé
падбярозавік (м)	[padbʲa'rɔzavik]	bolet (m) bai
палтус (м)	['paltus]	flétan (m)
памідор (м)	[pami'dɔr]	tomate (f)
папайя (ж)	[pa'paʲa]	papaye (f)
папрыка (ж)	['paprika]	paprika (m)
паштэт (м)	[paʃ'tɛt]	pâté (m)
перац (м)	['peraʦ]	poivron (m)
персік (м)	['persik]	pêche (f)
печань (ж)	['petʃanʲ]	foie (m)
печыва (н)	['petʃiva]	biscuit (m)
піва (н)	['piva]	bière (f)
пірог (м)	[pi'rɔh]	gâteau (m)
пірожнае (н)	[pi'rɔʒnae]	gâteau (m)
пітная вада (ж)	[pit'naʲa va'da]	eau (f) potable
піца (ж)	['piʦa]	pizza (f)
порцыя (ж)	['pɔrʦiʲa]	portion (f)
прахаладжальны напітак (м)	[prahala'dʒalʲnɨ na'pitak]	rafraîchissement (m)
проса (н)	['prɔsa]	millet (m)
прыправа (ж)	[prɨp'rava]	condiment (m)
прысмак (м)	['prismak]	arrière-goût (m)
пшаніца (ж)	[pʃa'niʦa]	blé (m)
пятрушка (ж)	[pʲat'ruʃka]	persil (m)
радыска (ж)	[ra'diska]	radis (m)
разынкі (ж мн)	[ra'zinki]	raisin (m) sec
ракападобныя (мн)	[rakapa'dobnɨʲa]	crustacés (m pl)
растваральная кава (ж)	[rastvaʹralʲnaʲa 'kava]	café (m) soluble
рахунак (м)	[ra'hunak]	addition (f)
ром (м)	['rɔm]	rhum (m)
рыба (ж)	['riba]	poisson (m)
рыс (м)	['ris]	riz (m)
рэпа (ж)	['rɛpa]	navet (m)
рэцэпт (м)	[rɛ'ʦɛpt]	recette (f)
садавіна (ж)	[sada'vina]	fruits (m pl)
салата (ж)	[sa'lata]	laitue (f), salade (f)
салата (ж)	[sa'lata]	salade (f)
салёны	[sa'lʲonɨ]	salé (adj)
салодкі	[sa'lɔtki]	sucré (adj)
сардзіна (ж)	[sar'dzina]	sardine (f)
сасіска (ж)	[sa'siska]	saucisse (f)
сачавіца (ж)	[satʃa'viʦa]	lentille (f)
свежавыцісну́ты сок (м)	[sveʒa'vɨʦisnutɨ 'sɔk]	jus (m) pressé
светлае піва (н)	['svetlae 'piva]	bière (f) blonde
свініна (ж)	[svi'nina]	du porc
сельдэрэй (м)	[selʲdɛ'rɛj]	céleri (m)
селядзец (м)	[selʲa'dzeʦ]	hareng (m)
сёмга (ж)	['sʲomha]	saumon (m) atlantique
скумбрыя (ж)	['skumbriʲa]	maquereau (m)
сланечнікавы алей (м)	[sla'netʃnikavɨ a'lej]	huile (f) de tournesol

сліва (ж)	['sliva]	prune (f)
смажаны	['smaʒani]	frit (adj)
смак (м)	['smak]	goût (m)
смаржок (м)	[smar'ʒɔk]	morille (f)
Смачна есці!	[smatʃna 'esʲtsi]	Bon appétit!
смачны	['smatʃni]	bon (adj)
смятана (ж)	[smʲa'tana]	crème (f) aigre
сняданак (м)	[snʲa'danak]	petit déjeuner (m)
сок (м)	['sɔk]	jus (m)
соль (ж)	['sɔlʲ]	sel (m)
сом (м)	['sɔm]	silure (m)
соус (м)	['sɔus]	sauce (f)
соя (ж)	['sɔʲa]	soja (m)
спагеці (мн)	[spa'ɦetsi]	spaghettis (m pl)
спаржа (ж)	['sparʒa]	asperge (f)
сподак (м)	['spɔdak]	soucoupe (f)
сталовая лыжка (ж)	[sta'lovaʲa 'liʃka]	cuillère (f) à soupe
страва (ж)	['strava]	plat (m)
стронга (ж)	['strɔnɦa]	truite (f)
судак (м)	[su'dak]	sandre (f)
суніцы (ж мн)	[su'nitsi]	fraise (f) des bois
суп (м)	['sup]	soupe (f)
сушаны	['suʃani]	sec (adj)
сыр (м)	['sir]	fromage (m)
сыраежка (ж)	[sira'eʃka]	russule (f)
талерка (ж)	[ta'lerka]	assiette (f)
таматны сок (м)	[ta'matni 'sɔk]	jus (m) de tomate
тлушчы (м мн)	[tlu'ʃci]	lipides (m pl)
торт (м)	['tɔrt]	tarte (f)
траска (ж)	[tras'ka]	morue (f)
трус (м)	['trus]	lapin (m)
тунец (м)	[tu'neʦ]	thon (m)
фарш (м)	['farʃ]	farce (f)
фасоля (ж)	[fa'sɔlʲa]	haricot (m)
фінік (м)	['finik]	datte (f)
фісташкі (ж мн)	[fis'taʃki]	pistaches (f pl)
фрукт (м)	['frukt]	fruit (m)
халодны	[ha'lɔdni]	froid (adj)
хлеб (м)	['hlep]	pain (m)
хрэн (м)	['hrɛn]	raifort (m)
цёмнае піва (н)	['tsʲomnae 'piva]	bière (f) brune
цукар (м)	['tsukar]	sucre (m)
цукерка (ж)	[tsu'kerka]	bonbon (m)
цыбуля (ж)	[tsi'bulʲa]	oignon (m)
цяляціна (ж)	[tsʲa'lʲatsina]	du veau
чай (м)	['tʃaj]	thé (m)
чайная лыжка (ж)	['tʃajnaʲa 'liʃka]	petite cuillère (f)
чарніцы (ж мн)	[tʃar'nitsi]	myrtille (f)
чарэшня (ж)	[tʃa'rɛʃnʲa]	merise (f)
часнок (м)	[tʃas'nɔk]	ail (m)
чаявыя (мн)	[tʃaʲa'viʲa]	pourboire (m)
чорная кава (ж)	['tʃɔrnaʲa 'kava]	café (m) noir

чорны перац (м)	['tʃɔrnɨ 'peraʦ]	poivre (m) noir
чорны чай (м)	['tʃɔrnɨ 'tʃaj]	thé (m) noir
чорныя парэчкі (ж мн)	['tʃɔrnɨʲa pa'rɛtʃki]	cassis (m)
чырвонае віно (н)	[tʃɨr'vɔnae vi'nɔ]	vin (m) rouge
чырвоны перац (м)	[tʃɨr'vɔnɨ 'peraʦ]	poivre (m) rouge
чырвоныя парэчкі (ж мн)	[tʃɨr'vɔnɨʲa pa'rɛtʃki]	groseille (f) rouge
шакалад (м)	[ʃaka'lat]	chocolat (m)
шакаладны	[ʃaka'ladnɨ]	en chocolat (adj)
шампанскае (н)	[ʃam'panskae]	champagne (m)
шафран (м)	[ʃaf'ran]	safran (m)
шклянка (ж)	['ʃklʲanka]	verre (m)
шпінат (м)	[ʃpi'nat]	épinard (m)
штопар (м)	['ʃtɔpar]	tire-bouchon (m)
шчупак (м)	[ʃɕu'pak]	brochet (m)
яблык (м)	['ʲablɨk]	pomme (f)
ягада (ж)	['ʲaɦada]	baie (f)
ягады (ж мн)	['ʲaɦadɨ]	baies (f pl)
ядомы грыб (м)	[ʲa'dɔmɨ 'ɦrɨp]	champignon (m) comestible
яечня (ж)	[ʲa'etʃnʲa]	les œufs brouillés
язык (м)	[ʲa'zɨk]	langue (f)
яйка (н)	['ʲajka]	œuf (m)
яйкі (н мн)	['ʲajki]	les œufs
ялавічына (ж)	['ʲalavitʃɨna]	du bœuf
ячмень (м)	['ʲatʃmenʲ]	orge (f)